Lyrik:

Reisen vom Sturm und Drang bis zur Gegenwart

Erarbeitet von
Reinhard Lindenhahn und Peter Merkel

Cornelsen

Inhalt

A Einführung: Reiselyrik interpretieren

1 Was heißt „reisen"? – Facetten des Reisens

Arbeitsanregungen

1. Erläutern Sie die Abbildungen auf dieser Seite und tauschen Sie sich darüber aus, welche Formen von Reisen es gibt.
2. Was verstehen Sie (nicht) unter „reisen"? – Erstellen Sie eine Mindmap.
3. Verfassen Sie eine für Sie persönlich gültige Definition des Begriffs „Reise".

Die besten Reisen, das steht fest,
sind die oft, die man unterlässt!
Eugen Roth (1895–1976)

Wer reisen will, muss zunächst Liebe zu Land und Leuten mitbringen, zumindest keine Voreingenommenheit. Er muss guten Willen haben, das Gute zu finden, anstatt es durch Vergleiche tot zu machen.
Theodor Fontane (1819–1898)

Die beste Bildung findet ein gescheiter Mensch auf Reisen.
Johann Wolfgang von Goethe (1749–1832)

Alexander von Humboldt auf seiner Forschungsreise in Südamerika

Die gefährlichste aller Weltanschauungen ist die Weltanschauung der Leute, welche die Welt nicht angeschaut haben.
Alexander von Humboldt (1769–1859)

Der Tourist zerstört, was er sucht,
indem er es findet.
*Hans Magnus Enzensberger (*1929)*

Nur Reisen ist Leben, wie umgekehrt
Leben Reisen ist.
Jean Paul (1763–1825)

Horst Haitzinger: Der Geheimtipp (1987)

Paul Gauguin: Tahiti: Where Do We Come From? What Are We? Where Are We Going? (1897)

Keine Reis' auf Erden scheint mir so
groß und schwer zu sein
Als die Reis' aus uns heraus, als die
Reis in uns hinein.
Wilhelm Müller (1794–1827)

Manche Leute reisen, um Neues zu
sehen; aber sie sehen das Neue lei-
der immer mit alten Augen.
Charlotte von Kalb (1761–1843)

Denn es ist besser, mit eigenen Augen
zu sehen als mit fremden.
Martin Luther (1483–1546)

Wer die Enge seiner Heimat begreifen
will, der reise. Wer die Enge seiner Zeit
ermessen will, studiere Geschichte.
Kurt Tucholsky (1890–1935)

Die Heimat ist nie schöner, als wenn
man in der Fremde von ihr spricht.
Horst Wolfram Geißler (1893–1983)

Eine Reise ist ein Trunk aus
der Quelle des Lebens.
*Christian Friedrich Hebbel
(1813–1863)*

Arbeitsanregungen

1. Betrachten Sie die Abbildungen auf dieser Doppelseite eingehend und prüfen Sie, ob bzw. inwieweit sich die eine oder andere mit einem der Aphorismen in Verbindung bringen lässt.
2. Prüfen Sie, welche Aphorismen auf dieser Doppelseite sich mit Ihrer Definition von „Reise" vereinbaren lassen. Finden sich Aussagen, die Sie rundweg ablehnen?
3. Erläutern Sie die Karikatur von Horst Haitzinger und deren Titel.

Information „Reisen" – Eine Begriffsbestimmung

Im Althochdeutschen bedeutete *reisa* „Aufbruch, Fahrt" und meinte sowohl das Sichaufmachen als auch das Unterwegssein und den anvisierten oder bereits zurückgelegten Weg. In diesem Begriff sind bereits zentrale Aspekte angedeutet, die heute unsere Vorstellung vom „Reisen" bestimmen und die auch Grundlage für die Textauswahl in diesem Band sind:

– Wer reist, setzt sich für längere Zeit in Bewegung. Das Moment der Bewegung ist zentral für den Begriff des Reisens. Zwar umfasst das Reisen auch den Aufenthalt am Zielort; aber reine Städte- oder Landschaftsbeschreibungen gehören nicht primär zum Thema, es sei denn, sie sind in einen umfassenderen Kontext von Reiseerfahrungen eingebettet.

– „Reise" impliziert Distanz bzw. Distanzierung – zunächst einmal einfach nur zeitlich und räumlich; beides in wechselseitiger Abhängigkeit. Früher brauchte man viel Zeit für kurze Distanzen; man wanderte oder benutzte die Kutsche. Heute überbrückt man mit modernen Fortbewegungsmitteln große Strecken in kurzer Zeit.

– Mit dem Reisen kann außerdem eine Art der Metamorphose verbunden sein: ein Sicheinleben in andere Lebensformen, Sitten, Gebräuche, Landschaften und Klimata. Die Erweiterung von Kenntnissen und Wissen bringt oft eine gewisse Distanz zum eigenen Selbst und damit eine Weiterentwicklung hin zu einem anderen Ich mit sich.

Die vielfältigen Aspekte des Reisens finden sich auch als Thema der Dichtung.

Erscheint Reisen, namentlich in fernere Länder, zu Goethes Zeit (1749–1832) noch als Unternehmung für Privilegierte und blieb dem „kleinen Mann" – im Wortsinne, denn das Reisen wurde vornehmlich von Männern betrieben – lediglich die Fußreise, so verändert die technische und gesellschaftliche Entwicklung der Folgezeit auch das Reisen: Eisenbahn und Dampfschiff eröffnen einem breiteren Publikum neue Möglichkeiten des Reisens, die sich im 20. Jahrhundert mit der Luftfahrt ins schier Grenzenlose erweitern. Mit diesem Prozess einhergehend verändert sich auch die in der zweiten Hälfte des 18. Jahrhunderts verstärkt einsetzende Reiselyrik. Sie nimmt die technischen Fortbewegungsmittel in ihr Motivrepertoire auf und gestaltet Themen und Inhalte ebenso neu wie die Formensprache, die der allgemeinen Entwicklung der Gattung entspricht. Beispielsweise verliert die Wanderung, beliebtes Motiv romantischer Lyrik, in der darauffolgenden Zeit an Bedeutung, thematisiert wird das moderne Reisen mit dem Zug und dem Automobil. Die im Vergleich zu Fußmarsch und Kutschenfahrt zunehmende Beschleunigung der Fortbewegung verbinden insbesondere Autoren des 20. Jahrhunderts oft mit Schnelllebigkeit, Oberflächlichkeit und Intensitätsverlust und gehen kritisch auf Distanz. Dass ein uniformer Tourismus und Poesie wenig kompatibel sind, ist an dem nahezu vollständigen Fehlen dieser Reiseform als Motiv lyrischer Produktion zu erkennen.

Neben diesen Wandlungen gibt es auch Konstanten. Nach wie vor nehmen die Gedichte ihre Leserinnen und Leser mit auf die Reise durch Landschaften und Länder, über Seen und Meere, zu Orten, Städten und Stätten, zur Natur und zu Menschen. Die Wirklichkeit, die sie uns zeigen, ist stets die Wirklichkeit des lyrischen Subjekts. Auch das Reisen selbst ist Teil der Motivgestaltung: der Aufbruch, das Unterwegssein, das Eilen und Verweilen, die Rückkehr, so es diese gibt. Das Außen ist fast immer mit der Innenwelt des lyrischen Sprechers verknüpft, dessen Wünsche oder Befürchtungen sich als Projektionen im Gedicht manifestieren. Das Reisen aus Sehnsucht nach Fremde oder Heimat, aus Liebe, Freundschaft, zur Horizonterweiterung oder aus Abenteuerlust wird begleitet von einem emotionalen Ensemble aus Mut, Zuversicht, Freude, Glücksgefühl wie auch aus Ängstlichkeit, Enttäuschung, Resignation, Verzweiflung und Trauer.

Arbeitsanregungen

1. Fassen Sie die Kernaussagen des Textes in eigenen Worten zusammen.
2. Prüfen Sie, inwiefern in dem Text alle Aspekte angesprochen werden, die in den Illustrationen und Aphorismen dieses Teilkapitels sowie in Ihrer eigenen Definition zum Ausdruck kommen.

2 Reiselyrik – Gedichte interpretieren und vergleichen

Gedichte interpretieren

Joseph von Eichendorff (1788–1857)
Die zwei Gesellen (1818)

Es zogen zwei rüst'ge Gesellen
zum ersten Mal von Haus,
so jubelnd recht in die hellen,
klingenden, singenden Wellen
5 des vollen Frühlings hinaus.

Die strebten nach hohen Dingen,
die wollten, trotz Lust und Schmerz,
was Recht's in der Welt vollbringen,
und wem sie vorübergingen,
10 dem lachten Sinnen und Herz.

Der erste, der fand ein Liebchen,
die Schwieger kauft' Hof und Haus;
der wiegte gar bald ein Bübchen
und sah aus heimlichem Stübchen
15 behaglich ins Feld hinaus.

Dem zweiten sangen und logen
die tausend Stimmen im Grund,
verlockend' Sirenen[1], und zogen
ihn in der buhlenden[2] Wogen
20 farbig klingenden Schlund.

Und wie er auftaucht' vom Schlunde,
da war er müde und alt,
sein Schifflein, das lag im Grunde,
so still war's rings in die Runde
25 und über die Wasser weht's kalt.

Es singen und klingen die Wellen
des Frühlings wohl über mir;
und seh ich so kecke Gesellen,
die Tränen im Auge mir schwellen,
30 ach Gott, führ uns liebreich zu Dir!

1 **Sirenen:** Fabelwesen der griech. Mythologie, die durch
   ihre Gesänge Seefahrer in tödliche Gefahren locken
2 **buhlen:** verführen, umwerben

Gottfried Benn (1886–1956)
Reisen (1950)

Meinen Sie, Zürich zum Beispiel
sei eine tiefere Stadt,
wo man Wunder und Weihen
immer als Inhalt hat?

5 Meinen Sie, aus Habana,
weiß und hibiskusrot,
bräche ein ewiges Manna[1]
für Ihre Wüstennot?

Bahnhofstraßen und Ruen,
10 Boulevards, Lidos, Laan –
selbst auf den Fifth Avenuen[2]
fällt Sie die Leere an –

Ach, vergeblich das Fahren!
Spät erst erfahren Sie sich:
15 bleiben und stille bewahren
das sich umgrenzende Ich.

1 **Manna:** „Himmelsbrot" der Israeliten auf ihrer Wanderschaft durch die Wüste
2 **Bahnhofstraßen [...] Fifth Avenuen:** Bezeichnungen (teils
   eingedeutscht) für international exklusive Straßen und Orte

Mit der fortschreitenden technischen Entwicklung und den sich wandelnden gesellschaftlichen Bedingungen hat sich das Reisen in den letzten Jahrhunderten verändert und damit auch die Reiselyrik. Die ausgewählten Gedichte, Eichendorffs „Die zwei Gesellen" (1818) und Benns „Reisen" (1950), stellen beispielhaft unterschiedliche Ausgestaltungen des Reisemotivs zu verschiedenen Zeiten vor.

Arbeitsanregungen

1. Lesen Sie die Information „Gedichte interpretieren und vergleichen" unten auf dieser Seite und auf S. 9.
   - Notieren Sie, bei welchen Ausführungen Sie Klärungsbedarf sehen, und verständigen Sie sich im Plenum darüber.
   - Listen Sie die Punkte auf, die aus Ihrer Sicht für die Lyrikinterpretation von besonderer Bedeutung sind. Sie können auch eigene Aspekte ergänzen.
   - Formulieren Sie in der Art einer Definition, was es heißt, einen Text zu interpretieren.
2. Lesen Sie die beiden Gedichte auf S. 7 gründlich. Markieren Sie in einer Kopie, was ihnen auffällt, wichtig erscheint oder auch unklar bleibt, z. B. Schlüsselbegriffe, Textstrukturen, Sprachlich-Stilistisches, Formelemente wie Strophe, Reim, Metrum.
3. Formulieren Sie kurz Ihren ersten Gesamteindruck von beiden Gedichten und fassen Sie diesen jeweils in einer Interpretationshypothese zusammen.
4. Überprüfen Sie Ihre vorläufigen Interpretationen der beiden Texte, indem Sie die Gedichte anhand der „Aspekte und Fragen zur Analyse von Gedichten" (▶ S. 9) genauer untersuchen.

Information   Gedichte interpretieren und vergleichen

Gedichte sind hoch komplizierte, individuelle literarische Texte, stark komprimiert und verschlüsselt; ihr Reiz liegt gerade in ihrer Mehrdeutigkeit, sodass es sinnlos ist, nach einem Dietrich zu verlangen, der jedes poetische Schloss öffnet. Das heißt aber nicht, dass Gedichte sich jeder Deutung verschließen oder gar dass es unzulässig ist, sich einem lyrischen Text analytisch zu nähern. Bertolt Brecht hat dies angedeutet, wenn er schreibt:
„Wer das Gedicht für unnahbar hält, kommt ihm wirklich nicht nahe. In der Anwendung von Kriterien liegt ein Hauptteil des Genusses. Zerpflücke eine Rose und jedes Blatt ist schön."

Was aber ist unter „Anwendung von Kriterien" zu verstehen? Geht es darum, Formbestimmungen zu machen, Stilmittel zu suchen und aufzulisten oder gar eine Rangliste zu erstellen, in welchem Gedicht die meisten poetischen Mittel angewendet werden? – Sicher nicht!

Wir müssen unterscheiden zwischen Textbeschreibung, Textanalyse und Textinterpretation. Erstere kann für Letztere nützlich sein, darf sie aber nicht ersetzen. Eine lange deskriptive Annäherung an den Text täuscht oft Genauigkeit vor, wo in Wirklichkeit nur Oberfläche ist, weil der so wichtige Zusammenhang zwischen Form, Stil und Inhalt verloren geht.

Die wichtigste Aufgabe eines/einer Interpretierenden ist es zunächst, die richtigen Fragen an einen Text zu stellen. Die Übersicht auf S. 9 „Aspekte und Fragen zur Analyse von Gedichten" soll Ihnen dabei helfen. Sie ist kein Fragenkatalog, der komplett abzuarbeiten ist, sondern gibt Anregungen für eine erste vertiefende Auseinandersetzung mit dem Text.

Für die Gedichtinterpretation wählen Sie aus den Ergebnissen Ihrer Beobachtungen zu Inhalt, Perspektive, Form und Sprache das Besondere, Auffallende, vom Erwarteten Abweichende aus, das also, was dieses spezielle Gedicht von anderen unterscheidet. Versuchen Sie dann, Beziehungen und gedankliche Querverbindungen herzustellen. Meist werden Sie dabei vom Gedichttypus, vom Thema und von der sprachlichen Form der Aussage ausgehen und dabei auch Beobachtungen zur Form, z. B. zum Metrum, einbeziehen.

Die geschickte Verschränkung von Beobachtungen zur Form und zum Inhalt gehört zur Kunst des Interpretierens. Die einzelnen Aspekte müssen zu Ihrer Gesamtdeutung passen. Dabei sollten Sie immer wieder überprüfen, ob Ihre Ausgangsthese noch schlüssig erscheint oder verändert werden muss.

Auch der Bezug auf den Dichter oder die Dichterin und seine/ihre Zeit kann Teil der Interpretation sein. Sie können sich in Lexika, auf verlässlichen Internetseiten oder in Literaturgeschichten über den Zeitkontext informieren und dieses Wissen nutzen. Sie sollten dabei aber niemals dem einzelnen Gedicht äußere Faktoren überstülpen und versuchen, diese in ihm wiederzufinden.

Interpretiert man zwei Gedichte vergleichend, gilt es zunächst, herauszufinden, welche Aspekte sich für einen Vergleich lohnen – so ist es z.B. nicht sinnvoll, einfach Reimschema und Versmaß usw. zu vergleichen, wenn sich daraus keine Folgerungen für die Interpretation ableiten lassen.

Sind die Vergleichsaspekte festgelegt, werden die Gedichte in der oben beschriebenen Art und Weise interpretiert, wobei es sich oft anbietet, nicht strophenweise vorzugehen, sondern nach bestimmten Aspekten zu gliedern und dabei auch mit Querverweisen auf das Vergleichsgedicht einzugehen.

Aspekte und Fragen zur Analyse von Gedichten

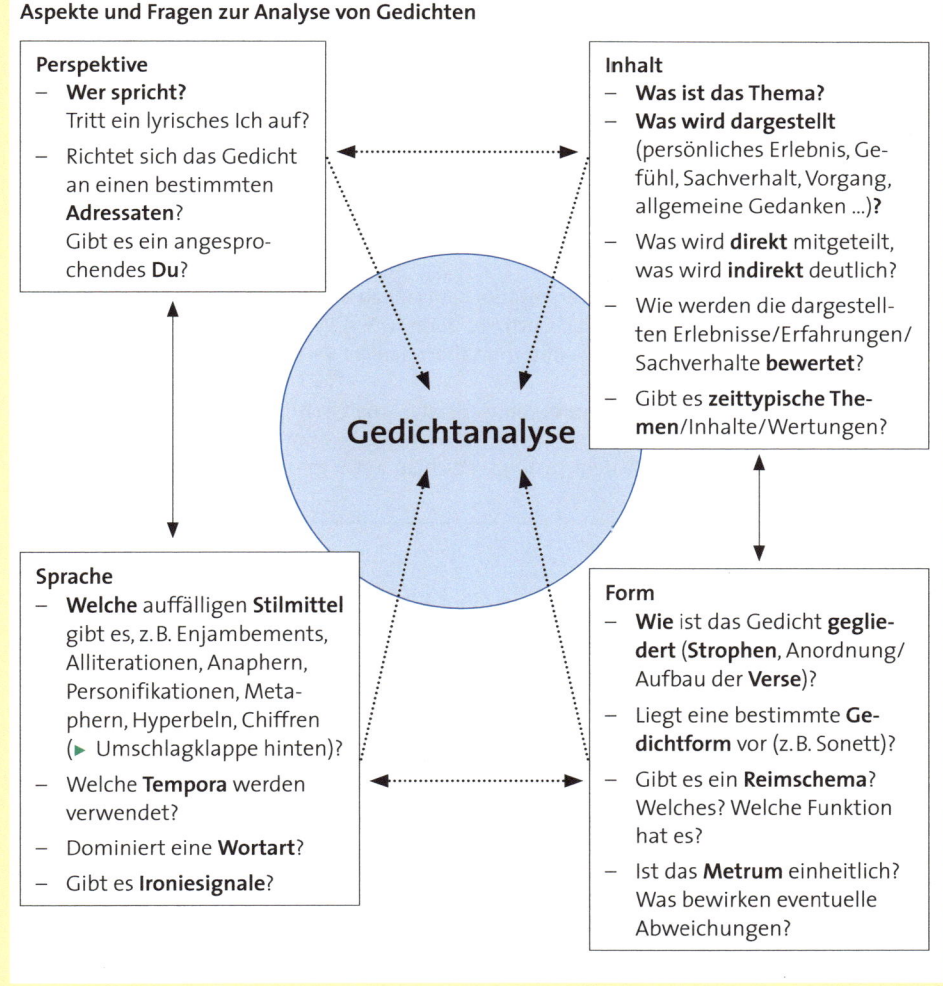

Perspektive
- **Wer spricht?**
  Tritt ein lyrisches Ich auf?
- Richtet sich das Gedicht an einen bestimmten **Adressaten?**
  Gibt es ein angesprochendes **Du**?

Inhalt
- **Was ist das Thema?**
- **Was wird dargestellt** (persönliches Erlebnis, Gefühl, Sachverhalt, Vorgang, allgemeine Gedanken ...)**?**
- Was wird **direkt** mitgeteilt, was wird **indirekt** deutlich?
- Wie werden die dargestellten Erlebnisse/Erfahrungen/ Sachverhalte **bewertet**?
- Gibt es **zeittypische Themen**/Inhalte/Wertungen?

Gedichtanalyse

Sprache
- **Welche** auffälligen **Stilmittel** gibt es, z.B. Enjambements, Alliterationen, Anaphern, Personifikationen, Metaphern, Hyperbeln, Chiffren (▸ Umschlagklappe hinten)?
- Welche **Tempora** werden verwendet?
- Dominiert eine **Wortart**?
- Gibt es **Ironiesignale**?

Form
- **Wie** ist das Gedicht **gegliedert** (**Strophen**, Anordnung/ Aufbau der **Verse**)?
- Liegt eine bestimmte **Gedichtform** vor (z.B. Sonett)?
- Gibt es ein **Reimschema**? Welches? Welche Funktion hat es?
- Ist das **Metrum** einheitlich? Was bewirken eventuelle Abweichungen?

Einen Interpretationsaufsatz verfassen

Information   **Interpretationsaufsatz: Aufgabenstellungen**

In einem Interpretationsaufsatz legen Sie die Ergebnisse Ihrer Gedichtinterpretation und gegebenenfalls Ihres Gedichtvergleichs geordnet dar.

Der Interpretationsaufsatz zur Lyrikinterpretation bzw. zum Gedichtvergleich wird in den Abiturprüfungen aller Bundesländer angeboten, allerdings mit unterschiedlich konzipierten Aufgabenstellungen: Diese können mehrgliedrig sein und damit Interpretationsschwerpunkte und Strukturen des Aufsatzes vorgeben. Sie können sich aber auch auf die Arbeitsanweisung „Interpretieren Sie das Gedicht" oder „Interpretieren und vergleichen Sie die beiden Gedichte" beschränken. Gerade für diesen Fall ist es wichtig, Verfahren der Texterschließung zu kennen (vgl. die Informationskästen auf S. 8 f. und 15).

Eine besondere Herausforderung an die Darlegung der Ergebnisse stellt der Gedichtvergleich dar. Hier gibt es grundsätzlich drei Möglichkeiten, den Aufsatz aufzubauen:

1) Interpretation Gedicht 1 – Interpretation Gedicht 2 – Vergleichende Interpretation,

2) Interpretation Gedicht 1 im Verbund mit einzelnen Aspekten aus Gedicht 2 – „Restvergleich",

3) durchgehend aspektbezogene Interpretation beider Gedichte – „Reißverschlussverfahren".

Ein Gedichtvergleich sollte – auf der Basis gründlicher Einzelanalysen der Gedichte – Gemeinsamkeiten skizzieren, vor allem aber wesentliche inhaltliche und formale Unterschiede einander gegenüberstellen.

Arbeitsanregungen

1. Verfassen Sie einen vergleichenden Interpretationsaufsatz zu den Gedichten „Die zwei Gesellen" von Joseph von Eichendorff und „Reisen" von Gottfried Benn (▶ S. 7). Wählen Sie für den Aufbau Ihres Aufsatzes die oben genannte Möglichkeit 1 (Interpretation Gedicht 1 – Interpretation Gedicht 2 – Vergleichende Interpretation).
   Nutzen Sie die Übersicht auf S. 15 „Interpretationsaufsatz: Arbeitsschritte" und Ihre Ergebnisse aus den Aufgaben 1–4 auf S. 8.
2. Vergleichen Sie Ihren Aufsatz mit dem Lösungsvorschlag auf S. 10–14. Prüfen Sie, wo die Interpretationen voneinander abweichen.

Der folgende Lösungsvorschlag geht über das in einer Klausur Leistbare hinaus.

Vergleichende Gedichtinterpretation
Joseph von Eichendorff: „Die zwei Gesellen" (1818) – Gottfried Benn: „Reisen" (1950)

Joseph von Eichendorff: „Die zwei Gesellen" (1818)
In Joseph von Eichendorffs Gedicht „Die zwei Gesellen" aus dem Jahr 1818 werden die unterschiedlichen Biografien zweier junger Männer dargestellt, die in die Welt hinausziehen, um sich zu beweisen. Scheint der eine sein Glück zu finden, so erliegt der andere den dunklen Lockungen des Lebens.

Zu Beginn (V. 1–10) beschreibt der lyrische Sprecher die beiden Akteure und ihre Ausgangssituation. Es handelt sich um „rüst'ge Gesellen" (V. 1), die Heim und Heimat verlassen, um „was Recht's in der Welt" (V. 8) zu vollbringen. Ihr Streben nach „hohen Dingen" (V. 6) wird getragen von ihrem Optimismus („so jubelnd", V. 3), der auch die Betrachter ansteckt (V. 9 f.), und einer sie beflügelnden, ebenfalls aufbrechenden Frühlingsnatur (V. 3 ff.).

Der erste Geselle ist alsbald an seinem Ziel angelangt: Er findet eine Frau, gründet eine Familie, bekommt einen Sohn und ist materiell versorgt – er lebt in einem Zustand der Behaglichkeit (V. 15). Subjektiv scheint er mit dieser Lebensgestaltung übereinzustimmen, Änderungswünsche sind jedenfalls nicht vernehmbar. Als etwas distanziert lässt sich der lyrische Sprecher verstehen: Wie zum Beispiel die Diminutiva „Liebchen" (V. 11) oder „Stübchen" (V. 14) verdeutlichen, zeichnet er mit ironischem Unterton das Bild eines allzu klischeehaften Kleinbürgeridylls, das den einst nach „hohen Dingen" (V. 6) strebenden Gesellen mehr in der Pose des selbstzufriedenen Betrachters (V. 14 f.) denn als aktiv Handelnden darstellt. Dass „Hof und Haus" (V. 12) ein Geschenk der Schwiegermutter sind, rundet diesen Befund ab.

Dem zweiten Gesellen widmet der Sprecher mehr Aufmerksamkeit – das Scheitern im Leben scheint eingehenderer Betrachtung wert als der Vollzug bürgerlicher Alltäglichkeit. Was den Zweiten von seinen ehrenvollen Zielsetzungen abgebracht hat, bleibt Andeutung. Von Stimmen, die „logen" (V. 16), von „verlockend' Sirenen" (V. 18) und einem „farbig klingenden Schlund" (V. 20) ist die Rede. Es ließe sich denken, dass der Geselle Versprechungen falscher Freunde aufgesessen ist, sich in erotische Abenteuer verstrickt hat oder der Verführung einer trügerischen Glitzerwelt nicht widerstehen konnte. Sein moralischer und gesellschaftlicher Absturz findet in „Grund" (V. 17) und „Schlund" (V. 20) seinen metaphorischen Ausdruck. Das Versinken in den „Wogen" (V. 19), im keinen Halt bietenden Element des Wassers, veranschaulicht die Macht der verführerischen Kräfte.

„Schifflein"(V. 23) und „Wasser" (V. 25) stellen eine Variation der traditionellen Daseinsmetapher von Schiff und Meer dar, die den Weg des Menschen durch eine gefahrenvolle Welt versinnbildlicht. Das Sinken des Schiffleins (vgl. V. 23) spiegelt das Scheitern des Gesellen, dessen Alter oder auch Zeit der Erschöpfung von der Kälte der Einsamkeit geprägt ist (V. 24 f.).

Das Frühlingsmotiv und den Aufbruch der Gesellen wieder aufgreifend, knüpft die Schlussstrophe an die Eingangsstrophe an und verleiht dem Gedicht dadurch einen Rahmen. Allerdings gibt es auch wesentliche Veränderungen. Das Präteritum wird vom Präsens abgelöst, denn das lyrische Ich legt seine Rolle als Berichterstatter des Vergangenen ab und meldet sich mit einer persönlichen Erklärung zu Wort. Auch die Gesellen sind in der Wahrnehmung des lyrischen Ichs andere: „so kecke Gesellen" (V. 28) bedeutet eine vergleichende Verallgemeinerung, die alle mutig Aufbrechenden in die abschließende Fürbitte einschließt, auch den Sprecher selbst („uns", V. 30). An dieser Stelle unterscheidet er nicht wertend zwischen dem spießig anmutenden Selbstkonzept des ersten Gesellen und der unkontrollierten Abenteuerlust sowie der mangelnden inneren Festigkeit des zweiten: Die Polarität von Enge und Weite, von Bindung und Freiheit, Sicherheitsbedürfnis und Risikobereitschaft als Ausgleich zu gestalten, ist Aufgabe eines jeden Daseinsentwurfs. Die Bitte des Sprechers an Gott, dem Menschen „liebreich" (V. 30) beizustehen, mag in seiner Überzeugung begründet liegen, dass eines jeden Lebensweg auf die eine oder andere Weise in die Irre gehen oder auch tragisch scheitern kann. Vielleicht ist diese Einschätzung die Ursache seiner „Tränen" (V. 29).

In der sprachlichen und formalen Gestaltung finden die Inhalte ihren Ausdruck, durch sie wird der Text zum Gedicht. Einer funktionalen Gestaltungsanalyse stellt sich mithin die Aufgabe, die Wechselbeziehung zwischen Inhalt und Form zu erläutern.

Mit dem Aufbruch der beiden Gesellen ist die Situation zu Beginn des Gedichts durch Bewegung bestimmt. Diese wird sinnfällig durch die den Lesefluss beschleunigenden Enjambements (V. 1/2, 3/4/5) und die Aneinanderreihung von Adjektiven und Partizipien (V. 3 f.), die durch ihre hellen Vokale zugleich den Optimismus der Aufbrechenden „hörbar" machen. Der Verdeutlichung der Bewegung dient auch die Metapher „Wellen" (V. 4); die „hellen, k ingenden, singenden Wellen" sind Synästhesie wie auch Personifizierung und verweisen auf die vielfältige Wahrnehmung der Natur und auf deren Verbundenheit mit dem Menschen. Diese wird auch durch die Parallelisierung des Aufbruchs der Gesellen mit dem Aufbruch der Natur im Frühling verdeutlicht.

Reim und Metrum der ersten Strophe besitzen exemplarischen Wert für das ganze Gedicht. Der Fünfzeiler mit dem etwas sperrigen Reimschema abaab folgt nicht dem verbreiteten eingängigeren Quartett und seinen Paar- oder Kreuzreimen. Die Verzögerung des 5. Verses hebt diesen heraus und verleiht ihm in allen Strophen ein besonderes Gewicht. Neben den gleichbleibenden Kadenzen (V. 1, 3, 4 männlich; 2, 5 weiblich) zeigt das Metrum der zumeist auftaktlos beginnenden Verse drei Hebungen als Konstante; die Zahl der Senkungen variiert hingegen, je nach jambischem (eine) oder daktylischem (zwei) Muster.

Dieses Formprinzip von Regel und Regelabweichung korrespondiert mit der zentralen Thematik von Enge und Weite, einem Leben innerhalb und außerhalb gesellschaftlicher Normen und Konventionen.

Der Inhalt der dritten Strophe bedarf einer anderen sprachlichen Gestaltung als derjenige der ersten. Die Wanderschaft des ersten Gesellen hat im umgrenzten, beschaulichen Raum von „Hof und Haus" (V. 12) und Familie ihr Ende gefunden. Das ruhig dahinfließende Leben des nun Etablierten findet im statisch wirkenden Zeilenstil seinen Ausdruck. Wie die Verkleinerungsformen (z. B. „Liebchen", V. 11) oder der Auftritt des Hausherrn in einer zur Entstehungszeit des Gedichts konventionell weiblich besetzten Rolle zeigen, versieht der lyrische Sprecher das Idyll mit Distanz signalisierender Ironie.

Das unglückliche Schicksal des zweiten Gesellen verlangt wiederum eine dynamischere und dramatischere Darstellung. Anders als in der ersten Strophe begleiten den Wanderer nicht die „singenden Wellen" (V. 4) des Frühlings. An ihre Stelle sind die betörende Gesänge der „Sirenen" (V. 18) und die „buhlenden Wogen" (V. 19) getreten, die durch die Personifizierung an Intensität gewinnen.

Die Bewegung geht auch nicht mehr in die weite Welt hinaus, sondern hinab in „Grund" (V. 17) und „Schlund" (V. 20). Diesen Absturz des Gestrauchelten verdeutlichen Bewegung erzeugende Enjambements (V. 16/17, 18/19/20); für das Atmosphärische sorgen zahlreiche dunkle Vokale. Die Synästhesie „farbig klingenden Schlund" (V. 20) ist Ausdruck einer umfassenden, unwiderstehlichen Verführungskraft, der „Schlund" lässt zudem die Assoziation mit „Höllen-Schlund" zu. Mit dem Auftauchen des „müde und alt" (V. 22) Gewordenen aus dem „Schlunde" (V. 21) kehrt eine Situation bleierner Ruhe und Stille ein, die semantisch durch die Wortwahl, syntaktisch durch den Zeilenstil und klanglich durch die dunklen Vokale der Reimwörter erzeugt wird.

In der Metapher des gesunkenen „Schifflein[s]" (V. 23) wird das existenzielle Scheitern des Gesellen versinnbildlicht.

Durch die Verbindung zwischen erster und letzter Strophe erhält das Gedicht eine Kreisstruktur. Sie kann als Ausdruck des Halts und der Festigkeit gedeutet werden: Nicht nur der letzte Vers ist Gott gewidmet, sondern auch das letzte Wort – er ist der gedankliche Fluchtpunkt des gesamten Gedichts.

Eichendorffs Gedicht weist charakteristische Züge der Romantik auf und kann auch als exemplarisch für das lyrische Werk des Autors selbst gelten. Hier ist insbesondere die Religiosität Eichendorffs zu nennen. Nach seiner Überzeugung liegt alles Leben in Gottes Hand und der Mensch vermag nur mit seinem Beistand weltlichen Versuchungen zu widerstehen, ein erfülltes Dasein zu führen und jenseitige Erlösung zu erlangen. Die Biografien der beiden Gesellen spiegeln auch beispielhaft den in der Romantik vielfach diskutierten und auch von Eichendorff selbst ausgetragenen Konflikt zwischen bürgerlicher und nicht bürgerlicher Existenz, im Besonderen zwischen Philister (Spießbürger) und Bohème bzw. Künstler. Kennzeichnend für die Epoche ist auch das Thema Reisen bzw. Wandern, verstanden als Welt- wie auch als Selbsterkundung. Ein wichtiges Thema der Romantik ist auch die Natur, die schauerlich und gefahrvoll sein kann, grundsätzlich aber Heimat, Ort des Aufgehobenseins und der Inspiration ist.

Gestalterisch gibt das Gedicht durch seine einfache und zugleich künstlerisch überformte Sprache sowie durch die Handwerksgesellen als Protagonisten die für die Romantik prägende Tradition der Volksdichtung bzw. des Volkslieds zu erkennen.

Gottfried Benn: „Reisen" (1950)

Für Gottfried Benns Gedicht „Reisen" aus dem
Jahr 1950 ist seine kommunikative Situation
bestimmend: Der lyrische Sprecher konfrontiert
einen Gesprächspartner mit Fragen, die das
Reisen als problemlösende Unternehmung
anzweifeln. Stattdessen hebt er die Bedeutung
innerer Einkehr, Selbstbegrenzung und Selbst-
besinnung hervor.

Benns scheinbar dialogisch angelegtes Gedicht
beginnt unvermittelt. Der lyrische Sprecher stellt
einem unbekannten Adressaten, vielleicht der
Leserin / dem Leser, zunächst zwei Fragen zu
bestimmten Reisezielen, verbunden mit Mut-
maßungen zu deren/dessen Erwartungen. Den
exemplarisch genannten Städten Zürich und
Habana ordnet er immerwährende „Wunder und
Weihen" (V. 3) bzw. ein „ewiges Manna" (V. 7) als
Erlösung aus der „Wüstennot" (V. 8) zu. Bereits die
ironisch wirkenden extremen Übertreibungen

Gottfried Benn (1886–1956)

lassen erkennen, dass die Fragen rhetorischer Art sind und Antworten nicht erwartet werden –
spricht das lyrische Ich gar monologisch über und zu sich selbst? Dass es von der Vergeblichkeit
des Reisens überzeugt ist, macht insbesondere die Schlussstrophe deutlich.

Das Reisen in diesem gleichnamigen Gedicht bedarf einer differenzierten Betrachtung. Dem
Autor geht es sicher nicht um eine allgemeine Tourismuskritik. Sein Gedicht hält den Reisenden
vielmehr zu einer realistischen Einschätzung an: Reisen kann der Zerstreuung wie auch der Horizonterweiterung dienen; davon allerdings die wundersame Erlösung aus der „Wüstennot" und
der Sinn-„Leere" (V. 12), also aus Situationen drohenden existenziellen Scheiterns, zu erwarten,
stellt eine in die Irre führende Illusion dar. In dieser Sichtweise erhält auch die ironische Übertrei-
bung eine Funktion als Warnsignal: Es gibt keine „tiefere" (V. 2) Stadt permanenter „Wunder und
Weihen" als Überwindung des Alltäglichen, und auch im exotischen Habana („weiß und hibiskusrot", V. 6) fällt kein „ewiges Manna" als geistige Speise für den Sinnsuchenden vom Himmel.

Diese kritische Kontrastierung zwischen Schein und Sein setzt sich in der dritten Strophe mit der
verallgemeinernden Häufung von Namen internationaler Prachtstraßen fort. Diese fungieren
als Synekdochen der modernen Glitzer- und Konsumwelt, die trotz ihres Großangebots an Ver-
gnügungen jeglicher Art die innere Verarmung nicht lindern kann. Die grammatisch einge-
deutschten Straßenbezeichnungen „Ruen", „Fifth Avenuen" wirken, auch in den Reimen, ironisch,
verfremdend und sind pejorativ konnotiert. Enjambements machen die Schnelllebigkeit dieser
Art des Reisens deutlich. Die Inbesitznahme des Reisenden durch die „Leere" wird durch die
Metapher des Anfallens intensiviert („fällt [...] an", V. 12). Der Gedankenstrich am Ende des Verses
lässt Leserassoziationen weiteren Raum.

Am Ende zieht der Sprecher ein Fazit. Seine Ironie weicht einer fast pathetischen, resignativen
Diktion („Ach", V. 13), als er die Vergeblichkeit des Reisens verkündet. Eingeleitet durch das Wort-
spiel „Fahren" (V. 13) und „erfahren" (V. 14), das den äußeren Vorgang von der Selbsterfahrung
unterscheidet, und hervorgehoben durch den Doppelpunkt formuliert der Sprecher sentenzartig
eine Lebenseinsicht: Dem „Fahren" das „[B]leiben" (V. 15) entgegensetzend, empfiehlt er die Reise
zum eigenen Selbst als wahren Lebensweg. Dieses „Ich", letztes Wort des Gedichts, gilt es, „stille"
(V. 15) und „umgrenzend[ ]" (V. 16) zu „bewahren" (V. 15): Eine bewusste Distanz zur Welt erscheint
als Voraussetzung für ein Leben in Übereinstimmung mit sich selbst. Der Sprecher verortet diese
Einsicht als „spät[e]" (V. 14) und so kann man sie als Ergebnis einer allgemeinen Persönlichkeits-
entwicklung sehen, die aus den Irrungen und Wirrungen des Lebens Konsequenzen zu ziehen

versucht. Bei Gottfried Benn geht man sicher nicht fehl, wenn man hier im Besonderen seine Einlassungen mit dem Naziregime als Ursache vermutet. Auch die Entstehung in der Nachkriegszeit ist prägend für das Gedicht: Krieg, Zerstörung und Leid gaben Anlass, grundsätzlich über die nationalen Irrtümer nachzudenken ebenso wie ganz persönlich über ein falsches und ein richtiges Leben. Vor diesem Hintergrund ist die Rückzugsempfehlung des lyrischen Ichs auch kritisch zu werten. Benns Gedicht, dem eine gedankliche Chronologie zu Grunde liegt, kennzeichnet mit Ausnahme der letzten Strophe eine ironisch unterlegte, verfremdend wirkende sprachlich-formale Gestaltung. Beispielsweise stehen einer ausgesuchten Wortwahl („hibiskusrot", „ewiges Manna") oder Neologismen („Wüstennot") auch fast prosaisch anmutende Formulierungen („immer als Inhalt hat") gegenüber. Der mit Ausnahme der ersten Strophe durchgehaltene Kreuzreim findet im unregelmäßigen Metrum keine Entsprechung, etliche Reime wie „Habana" – „Manna" oder „Ruen" – „Avenuen" erscheinen kitschig oder erzwungen; sie vermitteln Spott über die Hingabe an leere Effekte und tragen so zur Ironie der Verse bei.

Vergleich „Die zwei Gesellen" – „Reisen"

Das beiden Gedichten zu Grunde liegende Motiv des Reisens macht sie vergleichbar. Unterschiedliche Entstehungszeiten, Autorenbiografien und Intentionen sorgen für eine jeweils eigene inhaltliche und sprachliche Ausgestaltung des Motivs.

Das Reisen wird bei Eichendorff grundsätzlich positiv bewertet: Der Aufbruch der beiden Gesellen in die Welt, um dort „was Recht's" (V. 8) zu vollbringen, ist motiviert durch die Neugier junger Menschen auf das Unbekannte und erscheint als Voraussetzung einer Weiterentwicklung ihrer Persönlichkeit. In Eichendorffs Gedicht liegt der Schwerpunkt auf dem Aspekt des Gelingens oder Scheiterns der Reise. Modellhaft werden zwei Biografien vorgestellt: die des einen Gesellen, der im abgezirkelten Raum seiner Kleinbürgerwelt zumindest subjektiv Erfüllung findet, und die des anderen, den das Blendwerk der Welt ins Verderben zieht. Nach Überzeugung des lyrischen Sprechers kann nur Gott dem Menschen ein sicheres Geleit auf seinem Lebensweg geben.

Ungeachtet der Anspielung auf ein „ewiges Manna" (V. 7) fehlt ein religiöser Heils- und Erlösungsgedanke in Benns Gedicht völlig. Auch ist hier der Blick auf das Reisen anders fokussiert: Im Unterschied zu Eichendorff wird der grundsätzliche Wert des Reisens nicht betont, aber auch nicht negiert. Als „vergeblich" (V. 13) wird ein eskapistisches Reisen erkannt, das der Illusion einer wundersamen Heilkraft illustrer Fernen erliegt. Unter dem Aspekt des Scheiterns berühren sich Eichendorffs und Benns Gedicht, auch wenn die Kontexte und Gründe für das Misslingen unterschiedlicher Art sind.

Wenn am Ende von Benns Gedicht von dem „sich umgrenzende[n] Ich" (V. 16) die Rede ist, könnte man versucht sein, eine Verbindung zum heimisch gewordenen Gesellen herzustellen. Tatsächlich kann dessen biedere Behaglichkeit, die den Verzicht des Strebens nach „hohen Dingen" (V. 6) zur Voraussetzung hatte, aber nicht mit dem Bekenntnis des Sprechers zu distanzierter Selbstumgrenzung verglichen werden, die in Benns Gedicht im Kontext der Bewahrung vor weltlicher Desorientierung steht.

Ein Blick auf Sprache und Form zeigt das romantische Gedicht durch das in seiner Vielfalt genutzte konventionelle Gestaltungsrepertoire als subtil durchkomponierten Text, der deutlich poetischer wirkt als das fast prosaisch und auch ironisch-distanziert anmutende moderne Gedicht Benns.

In der Gestaltung der Gedichte finden die Inhalte einen angemessenen Ausdruck.

Information Interpretationsaufsatz: Arbeitsschritte

1 Text lesen
- Mehrmaliges, gründliches Lesen
- Optische Textbearbeitung:
  Markieren von Schlüsselbegriffen, Begriffsfeldern, Strukturen, unklaren Stellen usw.,
  Stichwortspeicher anlegen

2 Interpretationshypothesen bilden
- Ersten Gesamteindruck formulieren
- Die Hypothesen können folgende Aspekte betreffen:
  Thema des Textes, Figuren und Figurenkonstellation, Struktur und Sprache, Textintention usw.
- Bei **Gedichtvergleich**: zentrale Vergleichsaspekte formulieren,
  Hypothese(n) zum Gedichtvergleich formulieren

3 Überprüfen der Hypothesen durch Textinterpretation
- Verifizierung/Modifizierung des Gesamteindrucks durch Differenzierung:
  Das Verstehen von Einzelheiten bestimmt das Verstehen des Ganzen – das Verstehen des
  Ganzen bestimmt das Verstehen der Einzelheiten.
- Funktionale Formanalyse (Wechselbeziehung Inhalt – Form)
- Textimmanentes und textexternes oder intertextuelles Interpretieren:
  Textdeutung unter Einbezug von historisch-sozialen Bedingungen, geistesgeschichtlichem
  Hintergrund, biografischen Voraussetzungen usw.
- Konzeptionelle Schlüssigkeit überprüfen

4 Vertexten
- Interpretationsergebnisse sortieren, strukturieren;
  Einzelnes im Rahmen des Ganzen gewichten
- Gliedern in:
  Einleitung: Basissatz formulieren: Autor, Titel, Thema
  Hauptteil: Textinterpretation
  Schluss: Stellungnahme, literarische Wertung
  Gedankliche Einheiten sollen äußerlich als Abschnitte erscheinen.
- Bei **Gedichtvergleich**: Entscheidung für eine Variante des Aufbaus:
  1) Interpretation Gedicht 1 – Interpretation Gedicht 2 – Vergleichende Interpretation
     oder
  2) Interpretation Gedicht 1 im Verbund mit einzelnen Aspekten aus Gedicht 2 – „Restvergleich"
     oder
  3) durchgehend aspektbezogene Interpretation beider Gedichte – „Reißverschlussverfahren".
- Achten auf:
  – Klarheit der Ergebnisse, (fach-)terminologische Genauigkeit,
  – Präzision der Arbeitstechniken (z. B. Zitieren),
  – sprachliche Richtigkeit und
  – stilistische Angemessenheit

5 Korrektur lesen
- Überprüfung der sprachlichen Richtigkeit und Angemessenheit,
  Kontrolle von Rechtschreibung und Zeichensetzung

B Reiselyrik – Vom Sturm und Drang bis heute

1 Sturm und Drang, Klassik, Romantik

1.1 „Rasch ins Leben hinein!" – Der Sturm und Drang

Information   **Sturm und Drang (ca. 1767–1785)**

Der Sturm und Drang, der sich in der Spätphase der Aufklärung (ca. 1720–1785) entwickelt, stimmt mit dieser Epoche in der politischen Forderung nach **bürgerlicher Emanzipation** überein. Die Aufklärung sieht den Wert des Menschen nicht in seinem Stand oder in seinem religiösen Bekenntnis – ausschlaggebend sind die in jedem Menschen angelegte Vernunft, Autonomie, Urteilsfähigkeit und Tugend. Ein Menschenbild, das Bildung und Erziehung in den Mittelpunkt stellt, soll helfen, die politische, gesellschaftliche und religiöse Bevormundung zu beenden.

Johann Wolfgang Goethe (1749–1832)

Der Sturm und Drang greift den Emanzipationsgedanken auf, grenzt sich aber auch durch eine starke Betonung des **Individualismus** und der **Gefühle** sowie durch eine schwärmerische **Naturverehrung** von der vernunftorientierten Aufklärung ab.

Die junge Dichtergeneration, allen voran Johann Wolfgang Goethe, fasziniert das „**Genie**": Es gehorcht in der Kunst keinen Gesetzen, es folgt ausschließlich seiner Intuition, der Inspiration, der Fantasie. Jenseits der überkommenen Regelpoetik gilt die individuelle schöpferische Kraft. Offene Strukturen bei Drama und Lyrik, der Briefroman und eine expressive Sprachkreativität sind Kennzeichen des poetischen Schaffens.

Lyrik des Sturm und Drang

Die Lyrik dieser Epoche ist vor allem mit dem Namen Johann Wolfgang Goethe verbunden. Inspiriert durch seinen Aufenthalt in Straßburg (1770/71) verfasst er in der Folgezeit Gedichte, mit denen er poetisches Neuland betritt. Neu sind weniger die zentralen Themen Natur, Liebe, Gesellschaft und im Weiteren auch Reisen als vielmehr die sprachlich-formale Gestaltung und die Inhalte, die häufig durch Nonkonformismus, Selbstbewusstsein und Leidenschaft geprägt sind. An die Stelle des Normierten und Konventionellen treten hier individuelle Vers- und Strophenformen, Reimverzicht, Neologismen und freie Rhythmen; das Pathos der Hymnen bringt das emotionale Engagement zum Ausdruck.

Ein neuer Typus ist die **Erlebnislyrik**, die ein Erlebnis in spontan anmutender, impulsiver, gefühlsbetonter Sprache so vermittelt, dass auch der Leser / die Leserin „miterlebt", wobei über das Persönliche hinaus auch Allgemeines sichtbar wird.

Reisen zu Goethes Zeit

Reisen, namentlich in andere Länder, war zu Goethes Zeit eine Angelegenheit der gesellschaftlichen Eliten. Mit Kutsche oder Schiff als Fortbewegungsmittel unternahm man beispielsweise Geschäfts-, Bildungs- oder Entdeckungsreisen und selbstverständlich auch solche, die privaten Zwecken dienten. Der Großteil der Bevölkerung war von geld- und zeitaufwändigem Reisen ausgeschlossen und kam selten über die heimatliche Region hinaus. Lediglich die in den Handwerkszünften verbreitete „Wanderschaft", die der Lebenserfahrung und beruflichen Vervollkommnung diente, bot als „Fußreise" die Möglichkeit einer kleinen Welterkundung.

Goethe selbst unternahm eine Reise, die für ihn als Mensch, Naturforscher und Dichter von größter Bedeutung war. 1786–88 bereiste er Italien und erschloss sich durch naturwissenschaftliche Studien und die Begegnung mit der antiken Kultur neue Kenntnisse und Horizonte. Diese Reise, als „Italienische Reise" (entstanden zwischen 1813 und 1817) Teil seiner autobiografischen Schriften, markiert literaturgeschichtlich den Übergang vom Sturm und Drang zur Klassik.

Johann Wolfgang Goethe (1749–1832)

An Schwager Kronos[1]

In der Postchaise den 10. Oktober 1774

Spude dich, Kronos!
Fort den rasselnden Trott!
Bergab gleitet der Weg;
Ekles Schwindeln zögert
5 Mir vor die Stirne dein Haudern[2].
Frisch den holpernden
Stock Wurzeln Steine den Trott
Rasch ins Leben hinein!

Nun schon wieder
10 Den eratmenden Schritt
Mühsam Berg hinauf.
Auf denn, nicht träge denn!
Strebend und hoffend an.

Weit hoch herrlich der Blick
15 Rings ins Leben hinein
Vom Gebürg zum Gebürg,
Über der ewige Geist
Ewigen Lebens ahndevoll.

Seitwärts des Überdachs Schatten
20 Zieht dich an
Und der Frischung verheißende Blick

Auf der Schwelle des Mädchens da. –
Labe dich! – Mir auch, Mädchen,
Diesen schäumenden Trunk
25 Und den freundlichen Gesundheitsblick!

Ab dann, frischer hinab!
Sieh, die Sonne sinkt.
Eh' sie sinkt, eh' mich fasst
Greisen im Moore Nebelduft,
30 Entzahnte Kiefer schnattern
Und das schlockernde Gebein –

Trunknen vom letzten Strahl
Reiß mich, ein Feuermeer
Mir im schäumenden Aug',
35 Mich Geblendeten, Taumelnden
In der Hölle nächtliches Tor!

Töne, Schwager, dein Horn,
Rassle den schallenden Trab,
Dass der Orkus[3] vernehme, ein Fürst kommt,
40 Drunten von ihren Sitzen
Sich die Gewaltigen lüften.

1 **Schwager:** Kutscher; **Kronos:** griech. Gott der Zeit
2 **Haudern:** Zögern, langsames Fahren
3 **Orkus:** röm. Totenreich, Unterwelt

Arbeitsanregungen

1. Interpretieren Sie das Gedicht.
   Beachten Sie dabei folgende Arbeitsschritte:
   - Formulieren Sie eine Interpretationshypothese.
   - Gliedern Sie das Gedicht in gedankliche Abschnitte; versuchen Sie, den Verlauf der Kutschenfahrt grafisch als Linie darzustellen, und benennen Sie die jeweiligen Etappen.
   - Erklären Sie die Bedeutung der einzelnen Etappen.
   - Am Ende nennt sich das lyrische Ich „Fürst": Wie lässt sich diese Selbsttitulierung begründen?
   - Untersuchen Sie, inwieweit die Fahrt realistisch bzw. im übertragenen Sinne als Lebensreise verstanden werden kann.
   - Analysieren Sie die sprachliche und formale Gestaltung des Gedichts und erläutern Sie, wie diese den Textinhalt verdeutlicht. Klären Sie dabei, inwiefern das Gedicht als Hymne gelten kann.
2. Prüfen Sie, inwieweit das Gedicht als epochentypisch anzusehen ist.

Johann Wolfgang Goethe (1749–1832)

Seefahrt (1777)

Taglang nachtlang stand mein Schiff befrachtet,
Günst'ger Winde harrend, saß mit treuen Freunden
– Mir Geduld und guten Mut erzechend –
Ich im Hafen.

5   Und sie wurden mit mir ungeduldig:
Gerne gönnen wir die schnellste Reise,
Gern die hohe Fahrt dir; Güterfülle
Wartet drüben in den Welten deiner,
Wird Rückkehrendem in unsern Armen
10 Lieb' und Preis dir.

Und am frühen Morgen ward's Getümmel,
Und dem Schlaf entjauchzt' uns der Matrose,
Alles wimmelt, alles lebet, webet,
Mit dem ersten Segenshauch zu schiffen.

15 Und die Segel blühen in dem Hauche,
Und die Sonne lockt mit Feuerliebe;
Ziehn die Segel, ziehn die hohen Wolken,
Jauchzen an dem Ufer alle Freunde
Hoffnungslieder nach, im Freudetaumel
20 Reisefreuden wähnend wie des Einschiffmorgens,
Wie der ersten hohen Sternennächte.

Aber gottgesandte Wechselwinde treiben
Seitwärts ihn der vorgesteckten Fahrt ab,
Und er scheint sich ihnen hinzugeben,
25 Strebet leise sie zu überlisten,
Treu dem Zweck auch auf dem schiefen Wege.

Aber aus der dumpfen grauen Ferne
Kündet leise wandelnd sich der Sturm an,
Drückt die Vögel nieder aufs Gewässer,
30 Drückt der Menschen schwellend Herze nieder;
Und er kommt. Vor seinem starren Wüten
Streckt der Schiffer weis' die Segel nieder;
Mit dem angsterfüllten Balle spielen
Wind und Wellen.

35 Und an jenem Ufer drüben stehen
Freund' und Lieben, beben auf dem Festen:
Ach, warum ist er nicht hiergeblieben!
Ach, der Sturm! Verschlagen weg vom Glücke
Soll der Gute so zu Grunde gehen?
40 Ach, er sollte, ach, er könnte! Götter!

Doch er stehet männlich an dem Steuer.
Mit dem Schiffe spielen Wind und Wellen,
Wind und Wellen nicht mit seinem Herzen.
Herrschend blickt er auf die grimme Tiefe
45 Und vertrauet, scheiternd oder landend,
Seinen Göttern.

Arbeitsanregungen

1. Beschreiben und erläutern Sie die Situation, in der sich das lyrische Ich befindet.
2. Bewerten Sie das Handeln des lyrischen Ichs und das seiner Freunde. Welche Botschaft lässt sich daraus ableiten?
3. Analysieren Sie das Gedicht und erläutern Sie, wie Sprache und Form den Inhalt zum Ausdruck bringen. Klären Sie dabei auch, ob eine symbolische Deutung des Dargestellten möglich erscheint.
4. „An Schwager Kronos" (▶ S. 17) entwirft das Bild einer Reise mit der Postkutsche, „Seefahrt" das einer Seereise. Untersuchen Sie in einem Vergleich beider Gedichte, inwieweit sie trotz dieses Unterschieds auch Gemeinsamkeiten aufweisen.
5. Gestalten Sie das lyrische Geschehen als inneren Monolog des Sprechers.

Johann Wolfgang Goethe (1749–1832)
Harzreise im Winter (1777/1789)

Dem Geier gleich,
Der auf schweren Morgenwolken
Mit sanftem Fittich ruhend
Nach Beute schaut,
5 Schwebe mein Lied.

Denn ein Gott hat
Jedem seine Bahn
Vorgezeichnet,
Die der Glückliche
10 Rasch zum freudigen
Ziele rennt;
Wem aber Unglück
Das Herz zusammenzog,
Er sträubt vergebens
15 Sich gegen die Schranken
Des ehernen Fadens,[1]
Den die doch bittre Schere
Nur einmal löst.

In Dickichtsschauer
20 Drängt sich das raue Wild,
Und mit den Sperlingen
Haben längst die Reichen
In ihre Sümpfe sich gesenkt.[2]

Leicht ist's, folgen dem Wagen,
25 Den Fortuna[3] führt,
Wie der gemächliche Tross
Auf gebesserten Wegen
Hinter des Fürsten Einzug.

Aber abseits, wer ist's?
30 Ins Gebüsch verliert sich sein Pfad,
Hinter ihm schlagen
Die Sträuche zusammen,
Das Gras steht wieder auf,
Die Öde verschlingt ihn.

35 Ach, wer heilet die Schmerzen
Des, dem Balsam[4] zu Gift ward?
Der sich Menschenhass
Aus der Fülle der Liebe trank.
Erst verachtet, nun ein Verächter,
40 Zehrt er heimlich auf
Seinen eignen Wert
In ung'nügender Selbstsucht.

Carl G. Carus: Faust und Mephistopheles
im Harz. Aufstieg zum Brocken (um 1851)

Ist auf deinem Psalter[5],
Vater der Liebe, ein Ton
45 Seinem Ohre vernehmlich,
So erquicke sein Herz!
Öffne den umwölkten Blick
Über die tausend Quellen
Neben dem Durstenden
50 In der Wüste!

Der du der Freuden viel schaffst,
Jedem ein überfließend' Maß,
Segne die Brüder der Jagd
Auf der Fährte des Wilds
55 Mit jugendlichem Übermut
Fröhlicher Mordsucht,
Späte Rächer des Unbills,
Dem schon Jahre vergeblich
Wehrt mit Knütteln[6] der Bauer.

60 Aber den Einsamen hüll'
In deine Goldwolken!
Umgib mit Wintergrün,
Bis die Rose wieder heranreift,
Die feuchten Haare,
65 O Liebe, deines Dichters!

Mit der dämmernden Fackel
Leuchtest du ihm
Durch die Furten[7] bei Nacht,
Über grundlose Wege
70 Auf öden Gefilden,
Mit dem tausendfarbigen Morgen
Lachst du ins Herz ihm;
Mit dem beizenden Sturm
Trägst du ihn hoch empor.

75 Winterströme stürzen vom Felsen
In seine Psalmen,
Und Altar des lieblichsten Danks

Wird ihm des gefürchteten Gipfels
Schneebehangner Scheitel,
80 Den mit Geisterreihen[8]
Kränzten ahnende Völker.

Du stehst mit unerforschtem Busen[9]
Geheimnisvoll-offenbar
Über der erstaunten Welt
85 Und schaust aus Wolken
Auf ihre Reiche und Herrlichkeit,
Die du aus den Adern deiner Brüder
Neben dir wässerst.

1 **V. 16 ff.:** Anspielung auf die Parzen, in der römischen Mythologie Schicksalsgöttinnen, die über den Lebensfaden des Menschen bestimmen
2 **V. 21 ff.:** spöttischer Vergleich von in Sümpfen überwinternden Sperlingen mit Reichen, die im Winter ihre Landsitze verlassen und in Städte ziehen
3 **Fortuna:** Glücksgöttin der römischen Mythologie
4 **Balsam:** wohltuende, schmerzlindernde Substanz
5 **Psalter:** altertümliches Saiteninstrument
6 **Knüttel:** Keule; Anspielung auf Ernteschäden durch Wildschweinplage (V. 57 ff.)
7 **Furt:** Durchgang bietende Untiefe in einem Gewässer
8 **V. 80 f.:** Anspielung auf Sagen und Mythen, die sich um den Harz ranken
9 **V. 82–88:** Bezug auf den Brocken, der im Gegensatz zu benachbarten Bergen noch nicht durch Bergbau erschlossen war

Arbeitsanregungen

Goethes Gedicht liegt eine tatsächliche Reise zu Grunde. Als Geheimer Legationsrat am Hofe des Herzogtums Sachsen-Weimar ist er auch für den Bergbau der Region zuständig und unternimmt 1777 eine Inspektionsreise in den Harz. Im Rahmen dieser Reise besteigt er den Brocken – zu Zeiten eines noch kaum erschlossenen Berggipfels gerade in den Wintermonaten ein durchaus abenteuerliches Unternehmen. Den Aufstieg zum Brocken verarbeitet Goethe später auch in seinem Drama „Faust I" (1808, Szene „Walpurgisnacht").

1. Interpretieren Sie Goethes Hymne „Harzreise im Winter", indem Sie das darin vermittelte Menschen- und Weltbild erklären.
   Gehen Sie bei Ihrer Texterschließung im Zusammenhang mit dem lyrischen Ich insbesondere ein auf dessen:
   - äußere Situation und inneres Befinden,
   - Kommunikation (Adressaten seiner Rede),
   - Verhältnis zum Göttlichen, zur Natur, zu anderen Menschen und zu sich selbst,
   - Sichtweise von Glück und Unglück, Einsamkeit und Gemeinschaft bzw. Geselligkeit,
   - Einschätzung der Liebe.
2. Untersuchen Sie, wie die Textform den Textinhalt zum Ausdruck bringt.

1.2 „Kennst du das Land, wo die Zitronen blühn" – Die Klassik

Die Klassik (ca. 1780–1805)

Die Klassik, mit Goethe und Schiller als Protagonisten (Weimarer Klassik), gründet auf dem Welt- und Menschenbild der Aufklärung: Sie verfolgt die Idee einer **Erziehung des Menschen** in Ausrichtung auf **Vernunft, Freiheit, Moralität** und letztlich auf eine „Verbesserung des gesellschaftlichen Zustandes" (Schiller).

Die Kunst, Medium ästhetischer Erziehung, ermöglicht dem Menschen die Begegnung mit dem **„Wahren, Guten, Schönen"**. Sie vergegenwärtigt dem Individuum seine höchste Bestimmung: die harmonische Entfaltung aller seiner Kräfte zum Wohl des Ganzen.

Die Literatur der Klassik ist diesem **Humanitäts- und Bildungsideal** verpflichtet. Sie orientiert sich an der Kunst der griechischen Antike und intendiert den **Einklang von Natur und Kunst, Geist und Form, Verstand und Gefühl**. Das Kunstwerk orientiert sich über das Individuelle hinaus am Musterhaften, Gesetzmäßigen und Zeitlosen.

Friedrich Schiller (1759–1805)

Lyrik der Klassik

Die Lyrik der Klassik setzt sich mit ähnlichen Themen auseinander wie die Lyrik des Sturm und Drang: Natur, Liebe, Individuum und Gesellschaft, Immanenz und Transzendenz. Die Themen werden jedoch inhaltlich und formal anders gestaltet. Die Ichbezogenheit des Tatmenschen, die rebellische Grundhaltung und der Kult des Genies treten zugunsten einer Weltanschauung des Ausgleichs zurück.

Das Kunstideal gibt nach dem gestalterischen Individualismus des Sturm und Drangs eine Orientierung an **Maß** und **Muster** vor. Auch für die klassische Lyrik, für die vor allem Goethe, Schiller und Hölderlin stehen, gilt eine **strengere Formensprache**; zum gestalterischen Repertoire gehören beispielsweise Gedichtformen wie Sonett und Ode sowie eine an antiken Vorbildern orientierte, metrisch gebundene, kunstvoll durchgeformte Verssprache. Charakteristisch für die Gedichte ist weiterhin ihre Symbol- und Gleichnishaftigkeit, der Versuch, im Besonderen das Allgemeine erscheinen zu lassen.

Johann Wolfgang Goethe (1749–1832)

Meeresstille (1796)

Tiefe Stille herrscht im Wasser,
Ohne Regung ruht das Meer,
Und bekümmert sieht der Schiffer
Glatte Fläche ringsumher.
5 Keine Luft von keiner Seite!
Todesstille fürchterlich!
In der ungeheuern Weite
Reget keine Welle sich.

Glückliche Fahrt (1796)

Die Nebel zerreißen,
Der Himmel ist helle,
Und Äolus[1] löset
Das ängstliche Band.
5 Es säuseln die Winde,
Es rührt sich der Schiffer.
Geschwinde! Geschwinde!
Es teilt sich die Welle,
Es naht sich die Ferne;
10 Schon seh ich das Land!

1 **Äolus:** griech. Gott der Winde

Arbeitsanregungen

1. Interpretieren und vergleichen Sie die beiden Gedichte.
   Orientieren Sie sich dabei an folgenden Fragen:
   - Welche Situation liegt den Gedichten zu Grunde?
   - Was lässt sich über den lyrischen Sprecher aussagen?
   - Wie lassen sich Stimmung und Atmosphäre beschreiben? Durch welche gestalterischen Mittel wird diese Wirkung erzeugt?
   - Versuchen Sie jeweils, eine „Botschaft" des Gedichts zu formulieren.
     Beziehen Sie auch ihr zumeist gemeinsames Erscheinen (so zuerst 1796 in Schillers „Musenalmanach") in Ihre Überlegungen mit ein.
2. Vergleichen Sie die beiden Gedichte unter dem Gesichtspunkt „Epochenmerkmale" mit Goethes Gedicht „Seefahrt" aus dem Jahr 1777 (▶ S.18).
3. Versuchen Sie auf der Grundlage Ihrer sprachlich-formalen Analyse, die Gedichte zu rezitieren und klanglich zu gestalten.
4. Fächerübergreifender Kooperationsvorschlag mit Musik: Zu „Meeresstille" und „Glückliche Fahrt" gibt es Vertonungen, u. a. von Beethoven und Schubert.
   Untersuchen und bewerten Sie musikalische Interpretationen der Gedichte.

Johann Wolfgang Goethe (1749–1832)

Kennst du das Land … (1783/1795)

Kennst du das Land, wo die Zitronen blühn,
Im dunkeln Laub die Goldorangen glühn,
Ein sanfter Wind vom blauen Himmel weht,
Die Myrte still und hoch der Lorbeer steht,
5 Kennst du es wohl?
        Dahin! Dahin
Möcht' ich mit dir, o mein Geliebter, ziehn!

Kennst du das Haus? Auf Säulen ruht sein Dach,
Es glänzt der Saal, es schimmert das Gemach,
10 Und Marmorbilder stehn und sehn mich an:
Was hat man dir, du armes Kind, getan?
Kennst du es wohl?
        Dahin! Dahin
Möcht' ich mit dir, o mein Beschützer, ziehn!

15 Kennst du den Berg und seinen Wolkensteg?
Das Maultier sucht im Nebel seinen Weg;
In Höhlen wohnt der Drachen alte Brut,
Es stürzt der Fels und über ihn die Flut:
Kennst du ihn wohl?
20   Dahin! Dahin
Geht unser Weg; o Vater, lass uns ziehn!

Friedrich Wilhelm von Schadow: Mignon (1828)

Arbeitsanregungen

Das von der Figur Mignon gesungene Lied findet sich in Goethes Roman „Wilhelm Meisters Lehrjahre" (1795/96). Als Dienerin des Protagonisten entwickelt das Mädchen eine leidenschaftliche Bindung an Wilhelm.

1. Interpretieren Sie das Gedicht „Kennst du das Land …", indem Sie
   - aufzeigen, wer zu wem mit welcher Absicht spricht.
   - die Bedeutung von „Land", „Haus" und „Berg" erklären.
   - die sprachlich-formale Gestaltung analysieren und ihre Wirkung für den Inhalt erläutern.
2. Nach Mignons Liedvortrag stellt Wilhelm fest:
   „Sie fing jeden Vers feierlich und prächtig an, als ob sie auf etwas Sonderbares aufmerksam machen, als ob sie etwas Wichtiges vortragen wollte. Bei der dritten Zeile war der Gesang dumpfer und düsterer; das ‚Kennst du es wohl?' drückte sie geheimnisvoll und bedächtig aus; in dem ‚Dahin! Dahin!' lag eine unwiderstehliche Sehnsucht, und ihr ‚Lass uns ziehn!' wusste sie bei jeder Wiederholung dergestalt zu modifizieren, dass es bald bittend und dringend, bald treibend und vielversprechend war."
   Nehmen Sie diese Eindrücke Wilhelms zum Anlass für ein eigenes, sprachlich bewusst pointiertes Vortragen des Gedichts.
   Vergleichen Sie Ihren Vortrag mit professionellen Rezitationen (Beispiele finden Sie im Internet).
3. Fächerübergreifender Kooperationsvorschlag mit Musik: Zu Mignons Lied gibt es zahlreiche Vertonungen, z.B. von Beethoven, Schumann, Schubert und Liszt. Untersuchen und bewerten Sie musikalische Interpretationen des Gedichts.

Johann Wolfgang Goethe (1749–1832)
Wanderlied (1821/29)

Von dem Berge zu den Hügeln,
Niederab das Tal entlang,
Da erklingt es wie von Flügeln,
Da bewegt sich's wie Gesang;
5 Und dem unbedingten Triebe
Folget Freude, folget Rat;
Und dein Streben, sei's in Liebe,
Und dein Leben sei die Tat.

Denn die Bande sind zerrissen,
10 Das Vertrauen ist verletzt;
Kann ich sagen, kann ich wissen,
Welchem Zufall ausgesetzt
Ich nun scheiden, ich nun wandern,
Wie die Witwe trauervoll,
15 Statt dem einen mit dem andern
Fort und fort mich wenden soll!

Bleibe nicht am Boden heften,
Frisch gewagt und frisch hinaus!
Kopf und Arm mit heitern Kräften,
20 Überall sind sie zu Haus;
Wo wir uns der Sonne freuen,
Sind wir jede Sorge los;
Dass wir uns in ihr zerstreuen,
Darum ist die Welt so groß.

25 Doch was heißt in solchen Stunden
Sich im Fernen umzuschaun?
Wer ein heimisch Glück gefunden,
Warum sucht er's dort im Blau'n?
Glücklich, wer bei uns geblieben,
30 In der Treue sich gefällt!
Wo wir trinken, wo wir lieben,
Da ist reiche, freie Welt.

Arbeitsanregungen

Eine Vorform des „Wanderliedes" findet sich in Goethes Roman „Wilhelm Meisters Wanderjahre". Wilhelm trifft auf Handwerker, die sich in einem Auswandererbund zusammengeschlossen haben und das Lied vor ihrem Aufbruch vortragen.

1. Erläutern Sie auf der Grundlage einer inhaltlichen Untersuchung, welche Gedanken und Gefühle die Auswanderer bewegen.
2. Analysieren Sie die sprachlich-formalen Mittel und zeigen Sie, wie diese den Inhalt des Gedichts zum Ausdruck bringen.
3. Prüfen Sie, welche Bezüge sich zu Goethes Gedicht „Seefahrt" (▶ S.18) herstellen lassen.
4. Vergleichen Sie das „Wanderlied" mit Nikolaus Lenaus „Abschied" (▶ S.72). Arbeiten Sie inhaltliche und sprachliche Gemeinsamkeiten und Unterschiede der beiden Gedichte heraus.
5. Erarbeiten Sie in Kooperation mit dem Fach Musik Liedvorträge des Gedichts.

Friedrich Schiller (1759–1805)

Kolumbus[1] (1795)

Steure, mutiger Segler! Es mag der Witz dich verhöhnen
Und der Schiffer am Steu'r senken die lässige Hand.
Immer, immer nach West! Dort muss die Küste sich zeigen,
Liegt sie doch deutlich und liegt schimmernd vor deinem Verstand.
5 Traue dem leitenden Gott und folge dem schweigenden Weltmeer,
Wär sie noch nicht, sie stieg' jetzt aus den Fluten empor.
Mit dem Genius[2] steht die Natur in ewigem Bunde,
Was der eine verspricht, leistet die andre gewiss.

1 **Christoph Kolumbus** startete 1492 zu einer Entdeckungsreise mit dem Auftrag, einen kürzeren Seeweg nach Indien bzw. Ostasien ausfindig zu machen. Hierfür wählte er erstmals die Westroute, die Überquerung des Atlantischen Ozeans. Nach beschwerlicher, von Zweifeln begleiteter Fahrt stieß er auf Amerika, als dessen neuzeitlicher Entdecker er gilt.
2 **Genius:** bei Schiller: schöpferische Kraft, Intuition

Arbeitsanregungen

1. Erläutern Sie, welche Appelle der lyrische Sprecher an Kolumbus richtet.
2. Mit den beiden sentenzartigen Schlussversen formuliert der Sprecher eine grundsätzliche Überzeugung. Erklären Sie, wie diese zu verstehen ist.
3. Analysieren Sie Sprache und Form des Gedichts und erläutern sie, wie diese den Inhalt zur Geltung bringen.
4. Erich Kästner kommentiert Kolumbus' Entdeckung spöttisch: „Irrtümer haben ihren Wert; jedoch nur hier und da. Nicht jeder, der nach Indien fährt, entdeckt Amerika." Ist Kästners Spott berechtigt? Steht er im Widerspruch zur Botschaft des Gedichts? – Diskutieren Sie.
5. Informieren Sie sich über das Textformat „Parodie" und nehmen Sie Kästners Äußerung zum Anlass für ein parodistisches Gedicht.
6. Vergleichen Sie das Gedicht mit Nietzsches „Der neue Columbus" (▶ S.43) und Heyms „Columbus" (▶ S.45); stellen Sie dabei jeweils die Interpretation der Figur des Kolumbus heraus.

Friedrich Schiller (1759–1805)
Sehnsucht (1801)

Ach, aus dieses Tales Gründen,
Die der kalte Nebel drückt,
Könnt' ich doch den Ausgang finden,
Ach, wie fühlt' ich mich beglückt!
5 Dort erblick ich schöne Hügel,
Ewig jung und ewig grün!
Hätt ich Schwingen, hätt ich Flügel,
Nach den Hügeln zög ich hin.

Harmonien hör ich klingen,
10 Töne süßer Himmelsruh,
Und die leichten Winde bringen
Mir der Düfte Balsam zu,
Goldne Früchte seh ich glühen,
Winkend zwischen dunkelm Laub,
15 Und die Blumen, die dort blühen,
Werden keines Winters Raub.

Ach wie schön muss sich's ergehen
Dort im ew'gen Sonnenschein,
Und die Luft auf jenen Höhen,
20 O wie labend muss sie sein!
Doch mir wehrt des Stromes Toben,
Der ergrimmt dazwischen braust,
Seine Wellen sind gehoben,
Dass die Seele mir ergraust.

25 Einen Nachen seh ich schwanken,
Aber ach! der Fährmann fehlt.
Frisch hinein und ohne Wanken,
Seine Segel sind beseelt.
Du musst glauben, du musst wagen,
30 Denn die Götter leihn kein Pfand,
Nur ein Wunder kann dich tragen
In das schöne Wunderland.

Hans Thoma: Sehnsucht (1900)

Arbeitsanregungen

1. Beschreiben Sie, wie der lyrische Sprecher seine Lebenswelt wahrnimmt und wie er sich die Welt seiner Sehnsucht vorstellt.
2. Die beiden Welten sind durch einen reißenden Strom getrennt. Erklären Sie die vom Sprecher genannte Voraussetzung für einen Eintritt in das „Wunderland".
3. „Die Welt unten ist die reale Welt, die Welt oben die ideale." – Diskutieren Sie diese These als Interpretationsansatz.
   Prüfen Sie dabei auch, inwieweit das Gedicht über die Sphäre der Natur hinaus andere Deutungsrichtungen zulässt.
4. Untersuchen Sie, welche Bezüge sich zwischen Goethes „Wanderlied" (► S.23) und Schillers „Sehnsucht" herstellen lassen.
5. Analysieren und bewerten Sie in Kooperation mit dem Fach Musik Vertonungen, z.B. die Schuberts, und moderne Adaptionen.

Friedrich Schiller

Der Pilgrim (1803)

Noch in meines Lebens Lenze
War ich, und ich wandert aus,
Und der Jugend frohe Tänze
Ließ ich in des Vaters Haus.

5 All mein Erbteil, meine Habe
Warf ich fröhlich glaubend hin,
Und am leichten Pilgerstabe
Zog ich fort mit Kindersinn.

Denn mich trieb ein mächtig' Hoffen
10 Und ein dunkles Glaubenswort,
„Wandle", rief's, „der Weg ist offen,
Immer nach dem Aufgang fort.

Bis zu einer goldnen Pforten
Du gelangst, da gehst du ein,
15 Denn das Irdische wird dorten
Himmlisch unvergänglich sein."

Abend ward's und wurde Morgen,
Nimmer, nimmer stand ich still,
Aber immer blieb's verborgen,
20 Was ich suche, was ich will.

25 Berge lagen mir im Wege,
Ströme hemmten meinen Fuß,
Über Schlünde baut' ich Stege,
Brücken durch den wilden Fluss.

25 Und zu eines Stroms Gestaden
Kam ich, der nach Morgen floss,
Froh vertrauend seinem Faden,
Werf ich mich in seinen Schoß.

Hin zu einem großen Meere
30 Trieb mich seiner Wellen Spiel,
Vor mir liegt's in weiter Leere,
Näher bin ich nicht dem Ziel.

Ach, kein Steg will dahin führen,
Ach, der Himmel über mir
35 Will die Erde nie berühren
Und das Dort ist niemals hier.

Arbeitsanregungen

1. Zeichnen Sie den Weg des Pilgers nach und erläutern Sie dabei seine Gedanken und Gefühle.
2. Welche Botschaft vermittelt das Gedicht?
3. Analysieren Sie die sprachlich-formale Gestaltung des Gedichts und ihre Funktion für den Inhalt.
4. Vergleichen Sie die Erkenntnisse der lyrischen Ichs am Ende von „Der Pilgrim" und „Sehnsucht" (▶ S.25).

Friedrich Hölderlin (1770–1843)

Der Neckar (1792)

In deinen Tälern wachte mein Herz mir auf
  Zum Leben, deine Wellen umspielten mich,
    Und all der holden Hügel, die dich,
      Wanderer! kennen, ist keiner fremd mir.

5 Auf ihren Gipfeln löste des Himmels Luft
  Mir oft der Knechtschaft Schmerzen; und aus dem Tal,
    Wie Leben aus dem Freudebecher,
      Glänzte die bläuliche Silberwelle.

Friedrich Hölderlin (1770–1843)

Der Berge Quellen eilten hinab zu dir,
10   Mit ihnen auch mein Herz und du nahmst uns mit,
    Zum still erhab'nen Rhein, zu seinen
      Städten hinunter und lust'gen Inseln.

Noch dünkt die Welt mir schön, und das Aug entflieht
    Verlangend nach den Reizen der Erde mir,
15   Zum goldenen Paktol[1], zu Smirnas[2]
      Ufer, zu Ilions[3] Wald. Auch möcht' ich

Bei Sunium[4] oft landen, den stummen Pfad
    Nach deinen Säulen fragen, Olympion!
    Noch eh der Sturmwind und das Alter
20   Hin in den Schutt der Athenertempel

Und ihrer Gottesbilder auch dich begräbt,
    Denn lang schon einsam stehst du, o Stolz der Welt,
    Die nicht mehr ist. Und o ihr schönen
      Inseln Ioniens[5]! wo die Meerluft

Hölderlinturm in Tübingen

25   Die heißen Ufer kühlt und den Lorbeerwald
    Durchsäuselt, wenn die Sonne den Weinstock wärmt,
      Ach! wo ein goldner Herbst dem armen
        Volk in Gesänge die Seufzer wandelt,

Wenn sein Granatbaum reift, wenn aus grüner Nacht
30   Die Pomeranze[6] blinkt, und der Mastyxbaum[7]
      Von Harze träuft und Pauk' und Cymbel[8]
        Zum labyrinthischen Tanze klingen.

Zu euch, ihr Inseln! bringt mich vielleicht, zu euch
    Mein Schutzgott einst; doch weicht mir aus treuem Sinn
35   Auch da mein Neckar nicht mit seinen
        Lieblichen Wiesen und Uferweiden.

1   **Paktol:** Paktolos, antiker Name eines Flusses nahe der ägäischen Küste der heutigen Türkei
2   **Smirna:** antike Stadt in Kleinasien, heutiges Izmir
3   **Ilion:** alternativer altgriechischer Name für Troja
4   **Sunium:** Sounion, Standort des Säulentempels Poseidons an der Südspitze Attikas
5   **Ionien:** nach dem griechischen Stamm der Ionier bezeichnete antike Landschaft
6   **Pomeranze:** Zitrusfrucht
7   **Mastyxbaum:** in Südeuropa vorkommende harzspendende Baumart
8   **Cymbel:** Zymbal, auch Cembalo: Saiteninstrument

Arbeitsanregungen

1. Gliedern Sie das Gedicht in Sinnabschnitte und erläutern Sie dabei die Gedanken und Gefühle des lyrischen Ichs.
2. Das Gedicht ist als Ode konzipiert.
   Informieren Sie sich über diese Gedichtform und zeigen Sie in einer sprachlich-formalen Analyse, wie Sprachform und Inhalt miteinander korrespondieren.
3. Diskutieren Sie Rezitationen und lassen Sie sich zu einem eigenen Vortrag inspririeren.

1.3 „Darum, Freunde! will ich reisen" – Die Romantik

Information   **Die Romantik (ca. 1795–1840)**

Während die Autoren der Klassik sich für das antike Kunstideal begeisterten, nahmen die Dichter der Romantik Einflüsse und Anregungen aus der **Volksdichtung** und aus der **Kunst des Mittelalters** auf.

Das Interesse der Romantiker gilt dem **Emotionalen, Fantastischen und Traumhaften**, dem Mystischen und Magischen; es bezieht sich auf das **Dunkle und Verborgene der menschlichen Seele** und auf Religiosität. Auf der Suche nach dem Urgrund allen Seins blicken die Dichter ins **subjektive Innere** (Novalis: „Nach innen geht der geheimnisvolle Weg") und streben zugleich nach **Entgrenzung**, nach der Überwindung von Trennungen wie Innenwelt – Außenwelt, Fantasie – Realität, Dichtung – Wissenschaft, Kunst – Leben. Sinnbild der Sehnsucht nach Entgrenzung ist die „blaue Blume" (Novalis), Zeichen einer letzten Erkenntnis.

In diesem Zusammenhang sind das Unterwegssein und die Sehnsucht nach der Ferne (Wandern, Reisen) typische Motive romantischer Literatur.

*Caspar David Friedrich:
Wanderer über dem Nebelmeer (um 1817)*

Lyrik der Romantik

Die Lyrik der Epoche stellt sich zunächst in die Tradition des Volkslieds, dessen Inhalte und Formen sie aufgreift und weiterentwickelt. So werden typische Figuren übernommen (z.B. Studenten, Jäger, Handwerksgesellen, Bürgerstöchter) und auch gängige Motive aufgegriffen (z.B. Aufbruch und Einkehr, Wandern und Reisen, Geselligkeit, Naturidylle). An das Volkslied angelehnt geben sich Sprache und Strukturen teils als schlicht und elementar, sie sind zugleich aber künstlerisch durchgeformt. Auch die inhaltliche Gestaltung der Motive erscheint keineswegs als schlichte Kopie der Volksdichtung: Die Spannung zwischen Realität und Irrealität, Traum und Wirklichkeit, Immanenz und Transzendenz, die Sehnsucht nach Entgrenzung, nach dem Wunderbaren und Geheimnisvollen weisen über das tradierte Volksliedgut hinaus.

Joseph von Eichendorff (1788–1857)
Abschied (1810)

O Täler weit, o Höhen,
O schöner, grüner Wald,
Du meiner Lust und Wehen
Andächt'ger Aufenthalt!
5 Da draußen, stets betrogen,
Saust die geschäft'ge Welt,
Schlag noch einmal die Bogen
Um mich, du grünes Zelt!

Wenn es beginnt zu tagen,
10 Die Erde dampft und blinkt,
Die Vögel lustig schlagen,
Dass dir dein Herz erklingt:
Da mag vergehn, verwehen
Das trübe Erdenleid,
15 Da sollst du auferstehen
In junger Herrlichkeit!

Da steht im Wald geschrieben,
Ein stilles, ernstes Wort
Vom rechten Tun und Lieben
20 Und was des Menschen Hort.
Ich habe treu gelesen
Die Worte, schlicht und wahr,
Und durch mein ganzes Wesen
Ward's unaussprechlich klar.

25 Bald werd ich dich verlassen,
Fremd in der Fremde gehn,
Auf buntbewegten Gassen
Des Lebens Schauspiel sehn;
Und mitten in dem Leben
30 Wird deines Ernsts Gewalt
Mich Einsamen erheben
So wird mein Herz nicht alt.

Arbeitsanregungen

1. Das Gedicht thematisiert den Abschied des lyrischen Ichs von seiner bisherigen Lebenswelt und den Aufbruch in die Fremde.
   Untersuchen Sie, wie der Sprecher seine gewohnte Welt erlebt und was er mit ihr verbindet; erläutern Sie seine Einschätzung der neuen Welt.
2. Analysieren Sie die Beziehung zwischen Textinhalt und Textform.

Joseph von Eichendorff (1788–1857)
Frische Fahrt (1815)

Laue Luft kommt blau geflossen,
Frühling, Frühling soll es sein!
Waldwärts Hörnerklang geschossen,
Mut'ger Augen lichter Schein;

5 Und das Wirren bunt und bunter
Wird ein magisch wilder Fluss,
In die schöne Welt hinunter
Lockt dich dieses Stromes Gruß.

Und ich mag mich nicht bewahren!
10 Weit von euch treibt mich der Wind,
Auf dem Strome will ich fahren,
Von dem Glanze selig blind!
Tausend Stimmen lockend schlagen,
Hoch Aurora flammend weht,
15 Fahre zu! Ich mag nicht fragen,
Wo die Fahrt zu Ende geht!

Arbeitsanregungen

1. Untersuchen Sie die Gedanken und Gefühle des lyrischen Sprechers und zeigen Sie in einer sprachlichen Analyse, wie diese zum Ausdruck kommen.
2. Erörtern Sie in einer vergleichenden Betrachtung, inwieweit „Frische Fahrt" und „Abschied" (▶ S.28) sich inhaltlich unterscheiden bzw. übereinstimmen.

Joseph von Eichendorff (1788–1857)

Sehnsucht (1834)

Es schienen so golden die Sterne,
Am Fenster ich einsam stand
Und hörte aus weiter Ferne
Ein Posthorn im stillen Land.
5   Das Herz mir im Leib entbrennte,
Da hab ich mir heimlich gedacht:
Ach, wer da mitreisen könnte
In der prächtigen Sommernacht!

Zwei junge Gesellen gingen
10 Vorüber am Bergeshang,
Ich hörte im Wandern sie singen
Die stille Gegend entlang:
Von schwindelnden Felsenschlüften,
Wo die Wälder rauschen so sacht,
15 Von Quellen, die von den Klüften
Sich stürzen in die Waldesnacht.

Sie sangen von Marmorbildern,
Von Gärten, die überm Gestein
In dämmernden Lauben verwildern,
20 Palästen im Mondenschein,
Wo die Mädchen am Fenster lauschen,
Wann der Lauten Klang erwacht,
Und die Brunnen verschlafen rauschen
In der prächtigen Sommernacht. –

Carl Wagner: Bei Mondschein (1820)

Arbeitsanregungen

1. Klären Sie,
   - was die Sehnsucht des lyrischen Ichs auslöst,
   - wie diese zum Ausdruck kommt und worauf sie sich richtet.
2. Analysieren Sie die sprachlich-formale Gestaltung des Gedichts und erläutern Sie deren Funktion für den Inhalt.
3. Prüfen Sie, inwieweit dieses Gedicht, Schillers „Sehnsucht" (▶ S. 25) und Goethes „Kennst du das Land…" (▶ S. 22) unter dem Aspekt Sehnsucht miteinander vergleichbar sind.

Joseph von Eichendorff (1788–1857)
Meeresstille (1837)

Ich seh von des Schiffes Rande
Tief in die Flut hinein:
Gebirge und grüne Lande
Und Trümmer im falben[1] Schein
5 Und zackige Türme im Grunde,
Wie ich's oft im Traum mir gedacht,
Wie dämmert alles da unten
Als wie eine prächtige Nacht.

Seekönig auf seiner Warte
10 Sitzt in der Dämmrung tief,
Als ob er mit langem Barte
Über seiner Harfe schlief;
Da kommen und gehen die Schiffe
Darüber, er merkt es kaum,
15 Von seinem Korallenriffe
Grüßt er sie wie im Traum.

1 **falb:** Farbe: fahlgelb bis hellgraubraun, betrifft häufig Tierfelle

Arbeitsanregungen

1. Analysieren Sie das Gedicht.
   ● Berücksichtigen Sie dabei insbesondere die Aspekte Imagination und Wirklichkeit sowie Ruhe und Bewegung.
   ● Versuchen Sie, eine Botschaft zu formulieren.
2. Eichendorffs „Meeresstille", Goethes „Meeresstille" (▶ S. 21) und Rilkes „Spätherbst in Venedig" (▶ S. 44): Inwiefern sind diese Gedichte vergleichbar?

Ludwig Tieck (1773–1853)
Erster Anblick von Rom (1805/06)

Lange schon starrte mein Blick
Hinaus in Flur und Hügel,
Und immer nicht erschien der Wunsch,
Der sehnsüchtigen Seele.
5 Stille Träumerei umhüllte den Geist,
Da wendet sich plötzlich der Weg,
Und rechts erscheint der hohe Petrus-Dom,
Des Vatikans Palast,
Und fern umhergestreut wie Hütten,
10 Die weltberühmte Stadt.

So ist der weite Weg nun überwunden,
Und endlich, endlich ist das erwünschte Ziel erschienen?
Und wie ich mich sammle,
Mich und die Größe des Momentes zu fühlen,
15 Zerrinnt in Schmerz
Das kaum gehaschte Bild,
Und alle die alten edlen Erinnrungen
Entfliehn vor der drückenden, engen Gegenwart.
Wie klein ist der Mensch,
20 Wie arm im Schein des Reichtums!

Schon treten die Gebäude näher,
Schon heimatlicher wird Berg und Flur,
Von alten Gemälden
Erwacht in frischern Farben das Angedenken;
25 Hier schon die Brücke,
Die Straße der Vorstadt,
Und rascheren Trabes
Nähern wir uns dem Pappelthor[1].
Wir treten ein,
30 Vor mir der Platz und Obelisk[2],
Die drei Straßen mit offnen Armen,
Ein nüchternes Licht
Erhellt unerfreulich
Tempel und Palast.
35 Ich kann mich nur trösten,
Nun schnell in den Armen
Geliebter Freunde
Der Klage Laut ertönen zu lassen.

Feodor M. Matwejew: Rom (1808)

1 **Pappeltor:** Tor, durch das Reisende aus dem Norden Rom betraten, um ins Viertel der deutschen Künstler zu gelangen
2 **Obelisk:** Spitzsäule; aufgrund ihrer Vielzahl wird Rom auch Stadt der Obelisken genannt

Arbeitsanregungen

In den Jahren 1805/06 unternimmt Tieck, seiner Italiensehnsucht folgend, zusammen mit Freunden eine Reise durch das Land. Seine Eindrücke hält er in einer Reihe von Gedichten fest, es entsteht eine Art lyrisches Reisetagebuch.

1. Beschreiben und erklären Sie, wie das lyrische Ich Rom erlebt.
2. Analysieren Sie Sprache und Form des Gedichts und setzen Sie beides in Bezug zu seinem Inhalt.

Clemens Brentano (1778–1842)
In der Fremde (1810)

Weit bin ich einhergezogen
Über Berg und über Tal
Und der treue Himmelsbogen,
Er umgibt mich überall.

5 Unter Eichen, unter Buchen,
An dem wilden Wasserfall
Muss ich nun die Herberg suchen
Bei der lieb' Frau Nachtigall

Die in brünst'gem[1] Abendliede
10 Ihre Gäste wohl bedenkt,
Bis sich Schlaf und Traum und Friede
Auf die müde Seele senkt.

Und ich hör dieselben Klagen
Und ich hör dieselbe Lust
15 Und ich fühl das Herz mir schlagen
Hier wie dort in meiner Brust.

Aus dem Fluss, der mir zu Füßen
Spielt mit freudigem Gebraus,
Mich dieselben Sterne grüßen
20 Und so bin ich hier zu Haus.

1 **brünstig:** hier: inbrünstig

Arbeitsanregungen

1. Beschreiben Sie die Situation, in der sich das lyrische Ich befindet.
2. Erklären Sie die Bedeutung von Fremde und Heimat für das lyrische Ich.
3. Zeigen Sie in einer Analyse, wie die Gedanken und Gefühle des Ichs ihren sprachlichen Ausdruck finden.
4. Vergleichen Sie das Gedicht mit Grillparzers „In der Fremde" (▸ S. 38). Berücksichtigen Sie inhaltliche und formale Aspekte.

Ludwig Uhland (1787–1862)

Reisen (1834)

Reisen soll ich, Freunde! reisen,
Lüften soll ich mir die Brust?
Aus des Tagwerks engen Gleisen
Lockt ihr mich zu Wanderlust?
5　Und doch hab ich tiefer eben
In die Heimat mich versenkt,
Fühle mich, ihr hingegeben,
Freier, reicher, als ihr denkt.

Nie erschöpf' ich diese Wege,
10　Nie ergründ' ich dieses Tal,
Und die altbetretnen Stege
Rühren neu mich jedes Mal;
Öfters, wenn ich selbst mir sage,
Wie der Pfad doch einsam sei,
15　Streifen hier am lichten Tage
Teure Schatten mir vorbei.

Wann die Sonne fährt von hinnen,
Kennt mein Herz noch keine Ruh,
Eilt mit ihr von Bergeszinnen
20　Fabelhaften Inseln zu;
Tauchen dann hervor die Sterne,
Drängt es mächtig mich hinan,
Und in immer tief're Ferne
Zieh ich helle Götterbahn.

25　Alt' und neue Jugendträume,
Zukunft und Vergangenheit,
Uferlose Himmelsräume
Sind mir stündlich hier bereit.
Darum, Freunde! will ich reisen;
30　Weiset Straße mir und Ziel!
In der Heimat stillen Kreisen
Schwärmt das Herz doch allzu viel.

Arbeitsanregungen

1. Zeichnen Sie die Gedanken nach, die das lyrische Ich zum Reisen entwickelt, und formulieren Sie zu den Sinnabschnitten jeweils Überschriften.
2. Erklären Sie die Entscheidung, zu der das lyrische Ich am Ende seiner Überlegungen kommt.
3. Analysieren Sie den Wechselbezug zwischen Textinhalt und Textform.
4. „Darum, Freunde! will ich reisen" – Nehmen Sie diese Entscheidung des lyrischen Ichs zum Anlass für eine Fortsetzung des Gedichts: Die angesprochenen Freunde geben dem lyrischen Ich einen Rat.
5. Vergleichen Sie das Gedicht mit Gottfried Benns „Reisen" (▸ S. 7); zeigen Sie inhaltliche Unterschiede und Gemeinsamkeiten auf.

Kapitelübergreifende Arbeitsanregungen zu „Sturm und Drang, Klassik, Romantik"

1. Wählen Sie aus den Kapiteln B 1.1 bis B 1.3 jeweils ein Gedicht, das Sie in besonderer Weise für epochentypisch halten, und begründen Sie Ihre Wahl.
2. Wählen Sie ein Gedicht aus, das Ihr besonderes Interesse gefunden hat. Begründen Sie Ihre Wahl.

2   Realistische Strömungen

Information   Realistische Strömungen (ca. 1820–1890)

Der Begriff „realistische Strömungen" bezeichnet ein epochenübergreifendes Stilmerkmal, indem er jene unterschiedlichen literarischen Tendenzen der Zeit bündelt, deren Schreibstil einer realistischen Darstellung verpflichtet ist. Stärker als bei den Autoren der Weimarer Klassik und der Romantik werden nun die gesellschaftlichen Verhältnisse zum Gegenstand der Darstellung. Der Bezug auf ideelle Welten (antikes Kunstideal der Klassik, Naturphilosophie, Religiosität der Romantik) tritt in den Hintergrund. Dabei geht es den Autoren und Autorinnen der realistischen Strömungen nicht um eine schlichte Abbildung der Wirklichkeit, sondern darum, reale Lebensumstände im Zusammenhang einer stimmigen, glaubwürdigen literarischen Fiktion zu zeigen.

Reiselyrik im Realismus
Das Thema „Reise" spielt in der Lyrik zwischen ca. 1820 und 1890 eine eher nebengeordnete Rolle. Zwar war das Reisen zu Fuß, mit der Kutsche oder per Schiff sehr beliebt und ab ungefähr der Mitte des Jahrhunderts begann die Eisenbahn den Postkutschen Konkurrenz zu machen, was auch als Thema in die Lyrik der Zeit mit einfloss. Aber es dominieren Reisebeschreibungen in Form von Briefen, Satiren, Erzählungen und anderen epischen Texten. Auffällig ist die ambivalente Bewertung des Reisens in der Lyrik. Dem Drang nach Entdeckungen stand die Mühsal des Reisens selbst gegenüber, die oft mit ironischer Färbung thematisiert wird und nicht selten in eine Absage an das Reisen überhaupt mündet.

August Graf von Platen (1796–1835)
O wonnigliche Reiselust (1826)

O wonnigliche Reiselust,
An dich gedenk ich früh und spat!
Der Sommer naht, der Sommer naht,
Mai, Juni, Juli und August,
5   Da quillt empor,
Da schwillt empor
Das Herz in jeder Brust.

Ein Tor, wer immer stille steht,
Drum Lebewohl und reisen wir!
10   Ich lobe mir, ich lobe mir
Die Liebe, die auf Reisen geht!
Drum säume nicht
Und träume nicht,
Wer meinen Wink versteht!

Wilhelm Busch (1832–1908)
Reisegedanken (1877)

Eins, zwei, drei, im Sauseschritt
läuft die Zeit, wir laufen mit.
Schaffen, schuften, werden älter,
träger, müder und auch kälter,
5   bis auf einmal man erkennt,
dass das Leben geht zu End'.

Viel zu spät begreifen viele
die versäumten Lebensziele,
Freunde, Schönheit der Natur,
10   Gesundheit, Reisen und Kultur.
Darum, Mensch, sei zeitig weise!
Höchste Zeit ist's! Reise, reise!

Arbeitsanregungen

1.   Welche Motivationen zu reisen werden in den Texten angesprochen?
2.   Ihre Schule veranstaltet ein Lyrikprojekt. Verfassen Sie dafür eine Kritik zu beiden Gedichten.

Nikolaus Lenau (1802–1850)

Der Maskenball (1831, Auszug)

[...] Dort im härenen[1] Gewande,
Mit Sandal und Muschelhut,
Wie entrückt in ferne Lande,
Über Berg' und Meeresflut –
5 Steht ein Pilger: Seine Träume
Säuseln ihm wie Palmenbäume,
Zaubern ihn zum Heil'gen Grabe,
Seines Glaubens liebster Habe. –
Seid willkommen mir, Matrosen!
10 Nehmt mich auf in eurem Schiffe!
Frisch hinaus ins Meerestosen,
Durch die flutbeschäumten Riffe!
Ha! schon seh ich Möwen ziehn,
Wetterwolken seh ich jagen,
15 Und die Stürme hör ich schlagen;
Süße Heimat, fahre hin!
Nach der Freiheit Paradiesen
Nehmen wir den raschen Zug,
Wo in heil'gen Waldverliesen
20 Kein Tyrann sich Throne schlug.
Weihend mich mit stillem Beten,
Will den Urwald ich betreten,
Wandern will ich durch die Hallen,
Wo die Schauer Gottes wallen;
25 Wo in wunderbarer Pracht
Himmelwärts die Bäume dringen,
Brausend um die keusche Nacht
Ihre Riesenarme schlingen.
Dort will ich für meinen Kummer
30 Finden den ersehnten Schlummer;
Will vom Schicksal Kunde werben,
Dass es mir mag anvertrauen
In der Wälder tiefem Grauen,
Warum Polen musste sterben[2].
35 Und der Antwort will ich lauschen
In der Vögel Melodeien,
In des Raubtiers wildem Schreien
Und im Niagararauschen.

---

1 **härenes Gewand:** aus Haaren bestehendes Büßergewand
2 Anspielung auf die Polenrevolution 1830 gegen die zaristische Unterdrückung, der viele der Aufständischen zum Opfer fielen

Friedrich Hebbel (1813–1863)

Dort bläht ein Schiff die Segel
(1844)

Dort bläht ein Schiff die Segel,
   Frisch saust hinein der Wind;
Der Anker wird gelichtet,
Das Steuer flugs gerichtet,
5   Nun fliegt's hinaus geschwind.

Ein kühner Wasservogel
   Kreist grüßend um den Mast,
Die Sonne brennt herunter,
Manch Fischlein, blank und munter,
10   Umgaukelt keck den Gast.

Wär gern hineingesprungen,
   Da draußen ist mein Reich!
Ich bin ja jung von Jahren,
Da ist's mir nur ums Fahren,
15   Wohin? Das gilt mir gleich!

Arbeitsanregungen

1. Beschreiben Sie, was das lyrische Ich jeweils zum Aufbruch reizt.
2. Analysieren und vergleichen Sie, wie die sprachlich-formale Gestaltung die Aufbruchstimmung des lyrischen Ichs vermittelt.

Information Formen uneigentlichen Sprechens

Gesagtes und Gemeintes klaffen oft auseinander; die Botschaft mündlicher oder schriftlicher Äußerungen kann deutlich vom wörtlich Mitgeteilten abweichen. Beim uneigentlichen Sprechen geht es oft darum, kritische Distanz zu den verwendeten bzw. vorgeführten Rede- und Denkweisen oder zum Dargestellten zu vermitteln.

Die mündliche Sprache hat mehr Möglichkeiten, Doppelbödiges und Hintersinniges auszudrücken, denn sie kann das Gesagte z. B. durch Modulation der Stimme oder mit Mimik oder Gestik kommentieren.

Aber auch schriftliche Texte können anderes mitteilen, als sie wörtlich sagen. Verschiedene Signale und Stilfiguren können anzeigen, dass das Gedruckte nicht im Wortsinne zu verstehen ist, sondern eine indirekte Botschaft vermittelt, z. B.:

Heinrich Heine (1797–1856)

- Doppeldeutigkeit
- Wortspiele
- holprige Reime
- schräge Metaphern
- Ironie, Sarkasmus
- unpassende Stil-Ebene, Kitsch
- Über-/Untertreibung
- scharfe Kontraste
- unpassende Vergleiche

Heinrich Heine (1797–1856)
Aus: **Die Harzreise** (1824)
Prolog

Schwarze Röcke, seidne Strümpfe,
Weiße, höfliche Manschetten,
Sanfte Reden, Embrassieren –
Ach, wenn sie nur Herzen hätten!

5 Herzen in der Brust, und Liebe,
Warme Liebe in dem Herzen –
Ach, mich tötet ihr Gesinge
Von erlognen Liebesschmerzen.

Auf die Berge will ich steigen,
10 Wo die frommen Hütten stehen,
Wo die Brust sich frei erschließet
Und die freien Lüfte wehen.

Auf die Berge will ich steigen,
Wo die dunkeln Tannen ragen,
15 Bäche rauschen, Vögel singen
Und die stolzen Wolken jagen.

Lebet wohl, ihr glatten Säle,
Glatte Herren! glatte Frauen!
Auf die Berge will ich steigen,
20 Lachend auf euch niederschauen.

Heinrich Heine (1797–1856)
Aus: **Lyrisches Intermezzo** (1823)
IX

Auf den Flügeln des Gesanges,
Herzliebchen, trag ich dich fort,
Fort nach den Fluren des Ganges,
Dort weiß ich den schönsten Ort.

5 Dort liegt ein rot blühender Garten
Im stillen Mondenschein;
Die Lotosblumen erwarten
Ihr trautes Schwesterlein.

Die Veilchen kichern und kosen
10 Und schaun nach den Sternen empor;
Heimlich erzählen die Rosen
Sich duftende Märchen ins Ohr.

Es hüpfen herbei und lauschen
Die frommen, klugen Gazelln;
15 Und in der Ferne rauschen
Des heiligen Stromes Welln.

Dort wollen wir niedersinken
Unter dem Palmenbaum,
Und Liebe und Ruhe trinken
20 Und träumen seligen Traum.

Arbeitsanregungen

Heinrich Heine verfasste zahlreiche Reisebeschreibungen, in denen er in satirischer Weise Personen, Lebenshaltungen und Sprechweisen aufs Korn nimmt.

1. Benennen Sie die Themen, die in den Gedichten angesprochen werden.
2. Arbeiten Sie heraus, worauf sich Kritik und Spott in den beiden Gedichten beziehen und welche Intentionen mit dem uneigentlichen Sprechen verfolgt werden.
3. Interpretieren und vergleichen Sie die beiden Texte.

Eduard Mörike (1804–1875)
Fußreise (1828)

Am frisch geschnittnen Wanderstab
Wenn ich in der Frühe
So durch Wälder ziehe,
Hügel auf und ab:
5　Dann, wie's Vögelein im Laube
Singet und sich rührt
Oder wie die goldne Traube
Wonnegeister spürt
In der ersten Morgensonne:
10　So fühlt auch mein alter, lieber
Adam[1] Herbst- und Frühlingsfieber,
Gottbeherzte,
Nie verscherzte
Erstlings-Paradieseswonne.

15　Also bist du nicht so schlimm, o alter
Adam, wie die strengen Lehrer sagen;
Liebst und lobst du immer doch,
Singst und preisest immer noch,
Wie an ewig neuen Schöpfungstagen,
20　Deinen lieben Schöpfer und Erhalter.

Möcht' es dieser geben,
Und mein ganzes Leben
Wär' im leichten Wanderschweiße
Eine solche Morgenreise!

Eduard Mörike (1804–1875)

[1]　**alter Adam:** Der Hinweis auf den „alten", biblischen Adam spricht hier – allerdings mit positiver Grundfärbung – den unvollkommenen, sündigen Menschen an.

Arbeitsanregungen

1. Beschreiben Sie, wie die Natur auf das lyrische Ich wirkt und was sie in ihm auslöst.
2. Erläutern Sie, warum sich das lyrische Ich selbst als „alter, lieber Adam" anspricht.
3. Analysieren Sie die formalen und sprachlichen Elemente des Gedichts und beziehen Sie diese in Ihre Interpretation mit ein.

Heinrich Heine (1797–1856)

Wo wird einst …[1]

Wo wird einst des Wandermüden
Letzte Ruhestätte sein?
Unter Palmen in dem Süden?
Unter Linden an dem Rhein?

5 Werd ich wo in einer Wüste
Eingescharrt von fremder Hand?
Oder ruh ich an der Küste
Eines Meeres in dem Sand?

Immerhin! Mich wird umgeben
10 Gotteshimmel, dort wie hier,
Und als Totenlampen schweben
Nachts die Sterne über mir.

[1] entstanden vermutlich vor 1840
Das Gedicht findet sich auch als Grabinschrift auf Heines
Grabmal auf dem Friedhof Montmartre in Paris, wo er auf
eigenen Wunsch beigesetzt wurde.

Grabmal Heinrich Heines in Paris

Arbeitsanregungen

1. Beschreiben Sie die Grundstimmung der Gedichte und untersuchen Sie, woraus diese
resultiert.
2. Erarbeiten Sie Gemeinsamkeiten und Unterschiede der Gedichte.
3. Vergleichen Sie Heines Gedicht mit einem
Gedicht aus dem Themenkreis 5.3 „Die Reise
als Lebensreise" (▶ S. 76 ff.). Begründen Sie Ihre
Auswahl.

Franz Grillparzer (1791–1872)

In der Fremde (1843)

Schon bin ich müd zu reisen,
Wär's doch damit am Rand,
Vor Hören und vor Sehen
Vergeht mir der Verstand.

5 So willst du denn nach Hause?
O nein! Nur nicht nach Haus!
Dort stirbt des Lebens Leben
Im Einerlei mir aus.

Wo also willst du weilen?
10 Wo findest du die Statt?
O Mensch, der nur zwei Fremden
Und keine Heimat hat.

Justinus Kerner (1786–1862)

Im Eisenbahnhofe (1852)

Hört ihr den Pfiff, den wilden, grellen,
Es schnaubt, es rüstet sich das Tier,
Das eiserne, zum Zug, zum schnellen,
Her braust's wie ein Gewitter schier.

5 In seinem Bauche schafft ein Feuer,
Das schwarzen Qualm zum Himmel treibt;
Ein Bild scheint's von dem Ungeheuer,
Von dem die Offenbarung[1] schreibt.

Jetzt welch ein Rennen, welch Getümmel,
10 Bis sich gefüllt der Wagen Raum!
Drauf „Fertig!" schreit's, und Erd und Himmel
Hinfliegen, ein dämon'scher Traum.

Dampfschnaubend Tier! Seit du geboren,
Die Poesie des Reisens flieht;
15 Zu Ross mit Mantelsack und Sporen
Kein Kaufherr mehr zur Messe zieht.

Kein Handwerksbursche bald die Straße
Mehr wandert froh in Regen, Wind,
Legt müd sich hin und träumt im Grase
20 Von seiner Heimat schönem Kind.

Kein Postzug nimmt mit lust'gem Knallen
Bald durch die Stadt mehr seinen Lauf
Und wecket mit des Posthorns Schallen
Zum Mondenschein den Städter auf.

25 Auch bald kein trautes Paar die Straße
Gemütlich fährt im Wagen mehr,
Aus dem der Mann steigt und vom Grase
Der Frau holt eine Blume her.

Kein Wandrer bald auf hoher Stelle,
30 Zu schauen Gottes Welt, mehr weilt,
Bald alles mit des Blitzes Schnelle
An der Natur vorübereilt.

Ich klage: Mensch, mit deinen Künsten,
Wie machst du Erd und Himmel kalt!
35 Wär ich, eh du gespielt mit Dünsten,
Geboren doch im wildsten Wald!

Wo keine Axt mehr schallt, geboren,
Könnt's sein, in Meeres stillem Grund,
Dass nie geworden meinen Ohren
40 Je was von deinen Wundern kund.

Fahr zu, o Mensch! Treib's auf die Spitze,
Vom Dampfschiff bis zum Schiff der Luft!
Flieg mit dem Aar[2], flieg mit dem Blitze!
Kommst weiter nicht als bis zur Gruft.

1 **Offenbarung:** Anspielung auf die biblische
Offenbarung des Johannes mit der Apokalypse
2 **Aar:** altertümliche Bezeichnung für Adler

Karikatur aus England um 1845

Arbeitsanregungen

1. Gliedern Sie das Gedicht in Sinnabschnitte.
2. Erläutern Sie, welche Haltung der lyrische Sprecher gegenüber der Eisenbahn einnimmt und wie er sie begründet.
3. Analysieren Sie die sprachliche und formale Gestaltung des Gedichts und erläutern Sie ihre Wirkung.

Theodor Fontane (1819–1898)

Unterwegs und wieder daheim (1895)

1.

Erst Münchner Bräu aus vollen Krügen,
Die Deckel klappten wie ein Reim,
Dann Neckarwein in vollen Zügen
Und endlich Rot von Ingelheim.

5   Und all die Zeit kein regentrüber
Verlorner Tag, kein nasser Schuh,
Die Bilder zögen uns vorüber,
Wir taten nichts als schauten zu.

Und graue Dome, bunte Fresken,
10 Und Marmor reichten sich die Hand,
Und weinblattdunkle Arabesken
Zog drum das Rhein- und Schwabenland.

2.

Mit achtzehn Jahr und roten Wangen,
Da sei's, da wandre nach Paris,
15 Wenn noch kein tieferes Verlangen
Sich dir ins Herze niederließ;

Wenn unser Bestes: Lieb' und Treue
Du nicht begehrst und nicht vermisst
Und all das wechselvolle Neue
20 Noch deine höchste Gottheit ist.

Mir sind dahin die leichten Zeiten,
Es lässt mich nüchtern, lässt mich kalt,
Ich bin für diese Herrlichkeiten
Vielleicht zu deutsch, gewiss – zu alt.

3.

25 Und wieder hier draußen ein neues Jahr –
Was werden die Tage bringen?!
Wird's werden, wie es immer war,
Halb scheitern, halb gelingen?

Wird's fördern das, worauf ich gebaut,
30 Oder vollends es verderben?
Gleichviel, was es im Kessel braut,
Nur wünsch' ich, nicht zu sterben.

Ich möchte noch wieder im Vaterland
Die Gläser klingen lassen
35 Und wieder noch des Freundes Hand
Im Einverständnis fassen.

Ich möchte noch wirken und schaffen und tun
Und atmen eine Weile,
Denn um im Grabe auszuruhn,
40 Hat's nimmer Not noch Eile.

Ich möchte leben, bis all dies Glühn
Rücklässt einen leuchtenden Funken
Und nicht vergeht wie die Flamm' im Kamin,
Die eben zu Asche gesunken.

4.

45 Ich bin hinauf-, hinabgezogen
Und suchte Glück und sucht' es weit,
Es hat mein Suchen mich betrogen,
Und was ich fand, war Einsamkeit.

Ich hörte, wie das Leben lärmte,
50 Ich sah sein tausendfarbig Licht,
Es war kein Licht, das mich erwärmte,
Und echtes Leben war es nicht.

Und endlich bin ich heimgegangen
Zu alter Stell' und alter Lieb'
55 Und von mir ab fiel das Verlangen,
Das einst mich in die Ferne trieb.

Die Welt, die fremde, lohnt mit Kränkung,
Was sich, umwerbend, ihr gesellt;
Das Haus, die Heimat, die Beschränkung,
60 Die sind das Glück und sind die Welt.

Arbeitsanregungen

1. Charakterisieren Sie, welche Haltung der Sprecher im Gedicht zum Reisen einnimmt, und erläutern Sie, wie er diese begründet.
2. Vergleichen Sie die Gedichte von Grillparzer (▶ S. 38) und Fontane im Hinblick auf ihre Aussageabsicht und Gestaltung.
3. Reisedarstellung in Romantik und Realismus: Diskutieren Sie anhand ausgewählter Gedichte Gemeinsamkeiten und Unterschiede.
   Alternative: Verfassen Sie zu diesem Thema einen literarischen Essay.

3 Jahrhundertwende

Literarische Strömungen der Jahrhundertwende um 1900

Die Dichtung der Jahrhundertwende ist geprägt durch die Gleichzeitigkeit unterschiedlicher Stilrichtungen. Dem **Naturalismus** (ca. 1880–1890), der eine größtmögliche Übereinstimmung von Wirklichkeit und Kunst anstrebt, stellen sich der **Impressionismus** und der **Symbolismus** (ca. 1890 bis 1920) entgegen. Den beiden letztgenannten Strömungen gemeinsam ist eine die empirische Wirklichkeit transzendierende poetische Konzeption, die mit der Magie der Sprache, mit ihrem Formbewusstsein und ihrer oft rätselhaften Bilderwelt eine Dichtung erschafft, die als Welt für sich erscheint.

Der **Expressionismus** (ca. 1910–1925) ist weltanschaulich bestimmt durch seine kulturpessimistische Grundhaltung und die konsequente Infragestellung des rasch fortschreitenden Modernisierungsprozesses, der sich vor allem in der Industrialisierung, Technisierung und Verstädterung zeigt. Themen dieser facettenreichen Epoche sind neben Individuum und Gesellschaft vor allem Krieg und Tod sowie Großstadt und Natur. Wird Schönheit thematisiert, geschieht dies häufig in Verbindung mit Verfall, Untergang und Tod.

Expressionismus (lat. *expressio*: Ausdruck) bedeutet „Ausdruckskunst". Der betont subjektive Sprachgestus ist vielfach appellativ, pathetisch, ekstatisch. Die dem Expressionismus eigene Metaphorik bildet Wirklichkeit nicht in naturalistischer Weise ab, sondern überformt, übersteigert, verfremdet sie, um das Wesentliche und Eigentliche sichtbar zu machen.

Typische sprachlich-formale Mittel sind: Ellipse, Montage, Hyperbel, Neologismus, Lautmalerei, Farbsymbolik, Synästhesie, Allegorie, Personifikation, Chiffre, Synekdoche (Erläuterungen zu den Fachbegriffen ▶ hintere Umschlaginnenseite).

Reisen und Reiselyrik der Jahrhundertwende

Ist das Reisen zur Zeit der Jahrhundertwende um 1800 eine Unternehmung für Privilegierte und aufgrund der Fortbewegungsmittel häufig auch etwas Beschwerliches und Zeitaufwändiges, so ändert sich dies im Verlauf des 19. Jahrhunderts, insbesondere durch die Erfindung der Dampfmaschine: Sie ermöglicht die Eisenbahn und die Dampfschifffahrt; die damit verbundene technisch-industrielle Entwicklung führt im Weiteren zum Automobil und später auch zum Flugzeug als Verkehrsmittel.

Dieser Prozess, der das Reisen einem breiteren Publikum zugänglich macht und seinen Zeitaufwand minimiert, ist von Befürchtungen und Hoffnungen begleitet. Die Reiselyrik verändert sich mit dem Fortgang dieser Entwicklung. Einerseits noch von der Tradition bestimmt, nimmt sie fortschreitend auch die neuen, das Leben der Menschen zunehmend verändernden Fortbewegungsmittel in ihr Motivrepertoire auf und gestaltet Themen und Inhalte ebenso neu wie die Formensprache, die der allgemeinen Entwicklung der Gattung im Verbund mit der Ausprägung der Strömungen und Epochen entspricht.

Lyonel Feininger: Zug auf der Brücke (1918)

Friedrich Nietzsche (1844–1900)

Im Süden¹ (1882)

So häng ich denn auf krummem Aste
Und schaukle meine Müdigkeit.
Ein Vogel lud mich her zu Gaste,
Ein Vogelnest ist's, drin ich raste.
5   Wo bin ich doch? Ach, weit! Ach, weit!

Das weiße Meer liegt eingeschlafen,
Und purpurn steht ein Segel drauf.
Fels, Feigenbäume, Turm und Hafen,
Idylle rings, Geblök von Schafen, –
10 Unschuld des Südens, nimm mich auf!

Nur Schritt für Schritt – das ist kein Leben,
Stets Bein vor Bein macht deutsch und schwer.
Ich hieß den Wind mich aufwärtsheben,
Ich lernte mit den Vögeln schweben, –
15 Nach Süden flog ich übers Meer.

Vernunft! Verdrießliches Geschäfte!²
Das bringt uns allzu bald ans Ziel!
Im Fliegen lernt' ich, was mich äffte, –
Schon fühl ich Mut und Blut und Säfte
20 Zu neuem Leben, neuem Spiel ...

Friedrich Nietzsche (1844–1900)

Einsam zu denken nenn ich weise,
Doch einsam singen – wäre dumm!
So hört ein Lied zu eurem Preise
Und setzt euch still um mich im Kreise,
25 Ihr schlimmen Vögelchen, herum!

So jung, so falsch, so umgetrieben
Scheint ganz ihr mir gemacht zum Lieben
Und jedem schönen Zeitvertreib?
Im Norden – ich gesteh's mit Zaudern –
30 Liebt' ich ein Weibchen, alt zum Schaudern:
„Die Wahrheit" hieß dies alte Weib³ ...

1   Nietzsche verbrachte nach schweren Erkrankungen die
    Winterzeit seit dem Jahr 1879 vorwiegend in Italien.
2   V. 16: Anspielung auf die von Nietzsche abgelehnte Philo-
    sophie des Idealismus (Aufklärung)
3   V. 30 f.: Nietzsches Philosophie fordert einen kritischen
    Umgang mit dem Wahrheitsbegriff.

Arbeitsanregungen

1. Beschreiben Sie die Situation, in der sich der lyrische Sprecher befindet.
2. Erklären Sie, was der Sprecher ablehnt und was er sich wünscht.
3. Zeigen Sie in einer sprachlichen Analyse, wie der Sprecher seine Gedanken und Gefühle zum Ausdruck bringt.

Friedrich Nietzsche (1844–1900)
Der neue Columbus (1882)

Freundin! – sprach Columbus – traue
keinem Genueser mehr!
Immer starrt er in das Blaue –
Fernstes lockt ihn allzu sehr!

5 Fremdestes ist nun mir teuer!
Genua, das sank, das schwand –
Herz, bleib kalt! Hand, halt das Steuer!
Vor mir Meer – und Land? – und Land? – – –

Stehen fest wir auf den Füßen!
10 Nimmer können wir zurück!
Schaun hinaus: von fernher grüßen
Uns Ein Tod, Ein Ruhm, Ein Glück!

Kolumbussäule in Barcelona (1888)

Arbeitsanregungen

1. Interpretieren Sie das Gedicht, indem Sie
   ● erklären, welches Bild des „neue[n] Columbus" das lyrische Ich vorstellt.
   ● die sprachliche Gestaltung analysieren.
2. Vergleichen Sie das Gedicht mit Schillers „Kolumbus" (▶ S. 24) und Heyms „Columbus" (▶ S. 45) und stellen Sie jeweils die Bedeutung der Figur des Kolumbus heraus.

Hugo von Hofmannsthal (1874–1929)
Reiselied (1908)

Wasser stürzt, uns zu verschlingen,
Rollt der Fels, uns zu erschlagen,
Kommen schon auf starken Schwingen
Vögel her, uns fortzutragen.

5 Aber unten liegt ein Land,
Früchte spiegelnd ohne Ende
In den alterslosen Seen.

Marmorstirn und Brunnenrand
Steigt aus blumigem Gelände,
10 Und die leichten Winde wehn.

Arbeitsanregungen

1. Gliedern Sie das Gedicht in Sinnabschnitte.
2. Erklären Sie die Impression des Sprechers vom „unten" liegenden Land.
3. Analysieren Sie die Korrespondenz zwischen Textinhalt und Textform.
4. Vergleichen Sie das Gedicht mit Goethes „Kennst du das Land ..." (▶ S. 22). Arbeiten Sie inhaltliche Gemeinsamkeiten und Unterschiede heraus.

Rainer Maria Rilke (1875–1926)
Spätherbst in Venedig (1908)

Nun treibt die Stadt schon nicht mehr wie ein Köder,
der alle aufgetauchten Tage fängt.
Die gläsernen Paläste klingen spröder
an deinen Blick. Und aus den Gärten hängt

5 der Sommer wie ein Haufen Marionetten
kopfüber, müde, umgebracht.
Aber vom Grund aus alten Waldskeletten[1]
steigt Willen auf: als sollte über Nacht

der General des Meeres die Galeeren
10 verdoppeln in dem wachen Arsenal[2],
um schon die nächste Morgenluft zu teeren

mit einer Flotte, welche ruderschlagend
sich drängt und jäh, mit allen Flaggen tagend,
den großen Wind hat, strahlend und fatal.

> **Information**   **Das Dinggedicht**
>
> Das Dinggedicht beschreibt einen Gegenstand oder ein Lebewesen distanziert und ohne explizite subjektive Deutung. Diese Art des Gedichts wurde in der zweiten Hälfte des 19. Jahrhunderts entwickelt. Der Sprecher im Gedicht tritt zurück und versucht in einer kontemplativen Versenkung, den Gegenstand selbst zur Sprache zu bringen und ihn so in seinem Wesen erkennbar zu machen.

1 **Waldskeletten:** Wracks von aus Holz gebauten Schiffen
2 **Arsenal:** seit dem Mittelalter Schiffswerft und Flottenbasis der ehemaligen Republik Venedig, heute auch: Waffenlager

Arbeitsanregungen

1. Gliedern Sie das Gedicht in Sinnabschnitte.
2. Erklären Sie die Bedeutung von Wirklichkeit und Vision; beziehen Sie die sprachliche Gestaltung in Ihre Überlegungen mit ein.
3. Erörtern Sie anhand der angegebenen Definition, inwieweit „Spätherbst in Venedig" als Dinggedicht gelten kann.
4. „Spätherbst in Venedig", Goethes „Meeresstille" (▶ S. 21) und Eichendorffs „Meeresstille" (▶ S. 31) – Zeigen Sie, unter welchen Aspekten die Gedichte miteinander vergleichbar sind.

Georg Heym (1887–1912)
Die Dampfer auf der Havel (1911)

Der Dampfer weißer Leib. Die Kiele schlagen
Die Seen weit in Furchen, rot wie Blut.
Ein großes Abendrot. In seiner Glut
Zittert Musik, vom Wind davongetragen.

5 Nun drängt das Ufer an der Schiffe Wände,
Die langsam unter dunklem Laubdach ziehn.
Kastanien schütten all ihr weißes Blühn
Wie Silberregen aus in Kinderhände.

Und wieder weit hinaus. Wo Dämmrung legt
10 Den schwarzen Kranz um einen Inselwald,
Und in das Röhricht dumpf die Woge schlägt.

Im leeren Westen, der wie Mondlicht kalt,
Bleibt noch der Rauch, wie matt und kaum bewegt
Der Toten Zug in fahle Himmel wallt.

Arbeitsanregungen

1. Zeichnen Sie den Verlauf der Dampferfahrt nach und untersuchen Sie, wie das lyrische Subjekt diese erlebt.
2. Zeigen Sie in einer Gestaltungsanalyse des Sonetts, wie Wahrnehmungen des lyrischen Subjekts zum Ausdruck kommen und welche Stimmung erzeugt wird.
3. Vergleichen Sie Rilkes und Heyms Gedicht und arbeiten Sie exemplarisch Charakteristika der unterschiedlichen Schreibweisen heraus.

Georg Heym (1887–1912)

Columbus (1911)

12. Oktober 1492

Nicht mehr die Salzluft, nicht die öden Meere,
Drauf Winde stürmen hin mit schwarzem Schall.
Nicht mehr der großen Horizonte Leere,
Draus langsam kroch des runden Mondes Ball.

5 Schon fliegen große Vögel auf den Wassern
Mit wunderbarem Fittich blau beschwingt.
Und weiße Riesenschwäne mit dem blassern
Gefieder sanft, das süß wie Harfen klingt.

Schon tauchen andre Sterne auf in Chören,
10 Die stumm wie Fische an dem Himmel ziehn.
Die müden Schiffer schlafen, die betören
Die Winde, schwer von brennendem Jasmin.

Am Bugspriet vorne träumt der Genueser[1]
In Nacht hinaus, wo ihm zu Füßen blähn
15 Im grünen Wasser Blumen, dünn wie Gläser,
Und tief im Grund die weißen Orchideen.

Im Nachtgewölke spiegeln große Städte,
Fern, weit, in goldnen Himmeln wolkenlos,
Und wie ein Traum versunkner Abendröte
20 Die goldnen Tempeldächer Mexikos.

Das Wolkenspiel versinkt im Meer. Doch ferne
Zittert ein Licht im Wasser weiß empor.
Ein kleines Feuer, zart gleich einem Sterne.
Dort schlummert noch in Frieden Salvador.[2]

---

1 **Genueser:** Gemeint ist der in Genua geborene Kolumbus.
2 **Salvador:** San Salvador; Insel, auf der Kolumbus die Neue Welt betritt

Arbeitsanregungen

1. Zeigen Sie in einer inhaltlichen und formalen Analyse, wie der lyrische Sprecher Kolumbus und dessen Situation darstellt.
2. Prüfen Sie, inwieweit das Gedicht kritische Akzente setzt.
3. Vergleichen Sie das Gedicht mit Schillers „Kolumbus" (▶ S. 24) und Nietzsches „Der neue Columbus" (▶ S. 43) und stellen Sie dabei jeweils die Interpretation der Figur des Kolumbus heraus.

Gottfried Benn (1886–1956)

D-Zug (1912)

Braun wie Kognak. Braun wie Laub. Rotbraun. Malaiengelb[1].
D-Zug Berlin-Trelleborg und die Ostseebäder.

Fleisch, das nackt ging.
Bis auf den Mund gebräunt vom Meer.
5 Reif gesenkt, zu griechischem Glück.
In Sichel-Sehnsucht: Wie weit der Sommer ist!
Vorletzter Tag des neunten Monats schon!

Stoppel und letzte Mandel lechzt in uns.
Entfaltungen, das Blut, die Müdigkeiten,
10 die Georginennähe[2] macht uns wirr.

Männerbraun stürzt sich auf Frauenbraun:

Eine Frau ist etwas für eine Nacht.
Und wenn es schön war, noch für die nächste!
Oh! Und dann wieder dies Bei-sich-selbst-Sein!
15 Diese Stummheiten! Dies Getriebenwerden!

Eine Frau ist etwas mit Geruch.
Unsägliches. Stirb hin! Resede[3].
Darin ist Süden, Hirt und Meer.
An jedem Abhang lehnt ein Glück.

20 Frauenhellbraun taumelt an Männerdunkelbraun:

Halte mich! Du, ich falle!
Ich bin im Nacken so müde.
Oh, dieser fiebernde süße
letzte Geruch aus den Gärten.

Karl Schmidt-Rottluff:
Auf der Düne (1932)

1 **Malaiengelb:** Anspielung auf eine hier den Malaien (südostasiatische Ethnie) zugeschriebene Hauttönung
2 **Georgine:** andere Bezeichnung für die Pflanzengattung der Dahlien
3 **Resede:** Pflanzengattung

Arbeitsanregungen

1. Das Gedicht thematisiert aus der Sicht des männlichen lyrischen Sprechers die Geschlechterbeziehung. Untersuchen Sie, welches Bild der Sprecher von Mann und Frau vermittelt.
2. Ungeachtet der realistisch-konkreten Lokalisierung des Geschehens (V. 2) teilt der Sprecher seine Beobachtungen, Gedanken und Gefühle in einer assoziativ-bruchstückhaften und teils auch chiffrierten (▶ Umschlagklappe) Sprache mit.
   ● Analysieren Sie Sprache und Form des Gedichts und erläutern Sie deren Funktion für den Inhalt.
   ● Prüfen Sie, ob die Machart des Gedichts als typisch für den Expressionismus gelten kann.
   Beziehen Sie Georg Heyms „Vorortbahnhof" (▶ S.48) und „Die Dampfer auf der Havel" (▶ S.44) in Ihre Untersuchung ein (vgl. Information S.41).

Ernst Stadler (1883–1914)

Fahrt über die Kölner Rheinbrücke bei Nacht (1913)

Der Schnellzug tastet sich und stößt die Dunkelheit entlang.
Kein Stern will vor. Die ganze Welt ist nur ein enger, nachtumschienter Minengang,
Darein zuweilen Förderstellen blauen Lichtes jähe Horizonte reißen: Feuerkreis
Von Kugellampen, Dächern, Schloten, dampfend, strömend ... nur sekundenweis ...
5   Und wieder alles schwarz. Als führen wir ins Eingeweid der Nacht zur Schicht.
Nun taumeln Lichter her ... verirrt, trostlos vereinsamt ... mehr ... und sammeln sich ...
                                                            und werden dicht.
Gerippe grauer Häuserfronten liegen bloß, im Zwielicht bleichend, tot – etwas muss
                                            kommen ... o, ich fühl es schwer
Im Hirn. Eine Beklemmung singt im Blut. Dann dröhnt der Boden plötzlich wie ein Meer:
Wir fliegen, aufgehoben, königlich durch nachtentrissne Luft, hoch übern Strom.
                                    O Biegung der Millionen Lichter, stumme Wacht,
10 Vor deren blitzender Parade schwer die Wasser abwärtsrollen. Endloses Spalier, zum
                                            Gruß gestellt bei Nacht!
Wie Fackeln stürmend! Freudiges! Salut von Schiffen über blauer See! Bestirntes Fest!
Wimmelnd, mit hellen Augen hingedrängt! Bis wo die Stadt mit letzten Häusern ihren
                                                            Gast entlässt.
Und dann die langen Einsamkeiten. Nackte Ufer. Stille. Nacht. Besinnung. Einkehr.
                                            Kommunion. Und Glut und Drang
Zum Letzten, Segnenden. Zum Zeugungsfest. Zur Wollust. Zum Gebet. Zum Meer.
                                                            Zum Untergang.

Arbeitsanregungen

1. Interpretieren Sie das Sonett.
    Führen Sie dabei folgende Arbeitsschritte durch:
    ● Gliedern Sie den Text in Abschnitte und versehen Sie diese jeweils mit einer Überschrift.
    ● Bei der nächtlichen Zugfahrt verbinden sich für das lyrische Ich Realität und Imagination: Untersuchen und erläutern Sie dieses Phänomen.
    ● Analysieren Sie die Wechselbeziehung zwischen sprachlich-formaler Gestaltung und Textinhalt.
2. Sprache und Form des Gedichts stellen für eine Rezitation eine besondere Herausforderung dar.
    Sie können folgendes Verfahren wählen:
    ● Bilden Sie Kleingruppen, teilen Sie den Text in Rezitationseinheiten ein und erproben Sie Varianten für den Vortrag, die später im Plenum diskutiert werden.
    ● Prüfen Sie Möglichkeiten, den Vortrag musikalisch zu unterlegen.

Georg Heym (1887–1912)

Vorortbahnhof (1910)

Auf grüner Böschung glüht des Abends Schein.
Die Streckenlichter glänzen an den Strängen,
Die fern in einen Streifen sich verengen
– Da braust von rückwärts schon der Zug herein.

5 Die Türen gehen auf. Die Gleise schrein
Vom Bremsendruck. Die Menschenmassen drängen
Noch weiß vom Kalk und gelb vom Lehm. Sie zwängen
Zu zwanzig in die Wagen sich herein.

Der Zug fährt aus, im Bauch die Legionen.
10 Er scheint in tausend Gleisen zu verirren,
Der Abend schluckt ihn ein, der Strang ist leer.

Die roten Lampen schimmern von Balkonen.
Man hört das leise Klappern von Geschirren
Und sieht die Esser halb im Blättermeer.

Arbeitsanregungen

1. Fassen Sie den Inhalt des Gedichts kurz zusammen.
2. Analysieren Sie die sprachlich-formale Gestaltung und erläutern Sie die Atmosphäre, die sie erzeugt.
3. Diskutieren Sie, inwieweit „Vorortbahnhof" ein zeitkritisches Gedicht ist.

Ernst Ludwig Kirchner:
Bahnhof am Kanal (1926)

Arbeitsanregung zum gesamten Kapitel B 3

1. Wählen Sie ein Gedicht aus, das Ihr besonderes Interesse gefunden hat. Begründen Sie Ihre Wahl.

Kapitelübergreifende Aufgabe: Romantik bis Expressionismus (B1 bis B3)

1. Vergleichen Sie Eichendorffs „Frische Fahrt" aus dem Jahr 1815 (▶ S. 29), Kerners „Im Eisenbahnhofe" (1852, ▶ S. 39) und Heyms „Vorortbahnhof" (1910) miteinander.
2. Untersuchen Sie an diesen drei Gedichten, wie sich Reiselyrik in der Zeitspanne eines Jahrhunderts inhaltlich und formal entwickelt hat.

4 Von der Neuen Sachlichkeit bis zur Gegenwart

Nach den 1920-Jahren wird eine Einteilung der Literatur in Epochen zunehmend schwierig; dies gilt in besonderem Maße für die Reiselyrik, die sich ab diesem Zeitraum nur selten bestimmten zeittypischen literarischen Strömungen zuordnen lässt.

Deshalb ist dieses Teilkapitel lediglich zweigeteilt: in die Gedichte von der Neuen Sachlichkeit der 1920er-Jahre bis zum Einsetzen größerer Reisebewegungen im Kontext des beginnenden „Wirtschaftswunders" in den 1950er- und 1960er-Jahren und jene von da an bis heute. Die Neue Sachlichkeit bezeichnet eine Tendenz der Literatur und Kunst, die sich vom Expressionismus absetzt und zu Beginn der 1930er-Jahre mit dem aufkommenden Nationalsozialismus wieder ihr Ende findet. Hauptkennzeichen ist die Tendenz zur realistischen und illusionslosen Darstellung menschlichen Alltagslebens, insbesondere des Lebens in der Großstadt. Kurt Tucholsky, Erich Kästner und Mascha Kaléko gelten als wichtigste Vertreter dieser Strömung.

4.1 „Das Spiel von Licht und Schatten" – Von den Goldenen Zwanzigern bis zum Wirtschaftswunder

Die so genannten Goldenen Zwanziger dauerten von ca. 1925 bis zur Weltwirtschaftskrise 1929. Ein konjunktureller Aufschwung brachte auch eine kurze Blütezeit in kultureller Hinsicht mit sich. In der Literatur, insbesondere in der Lyrik, dominierten dennoch die skeptischen Töne – zu deutlich waren die drohenden Gefahren in der Weimarer Republik bereits sichtbar. Das Thema „Reise" war eng verknüpft mit dem Gedanken an die Lebensreise oder die Reise ins Exil und an die Rückkehr in eine vielleicht fremd gewordene frühere Heimat. An eine Urlaubsreise im heutigen Sinne war nicht zu denken. Dies änderte sich erst langsam in den späten 1950er- und in den 1960er-Jahren. Nun konnte sich der eine oder andere schon eine günstige Reise leisten – vorzugsweise nach Italien.

Oskar Loerke (1884–1941)
Hinter dem Horizont (1926)

Mein Schiff fährt langsam, sein Alter ist groß,
Algen, Muscheln, Moos,
Der Kot des Meeres hat sich angesetzt.
Eine bunte Insel, fast steht es zuletzt.

5   Soll ich noch fahren? Ich fahre nicht mehr.
Aber alle Dinge kommen,
Kontinente, frachtenschwer
Nun wie fremde Schiffe zu mir geschwommen.

Vorbei ist der Menschen feste Küste
10 Wie der Donner im Winter;
Übrig geblieben im Gewölke
Der prophetische Vogelflug.

Steigender, stürzender Völker beharrendes Bild!
So viel Blut und so viel Leid!
15 Und alles, was da gilt,
Geschieht doch in der Einsamkeit.

Arbeitsanregungen

1. Formulieren Sie eine Interpretationshypothese zu Loerkes Gedicht.
2. Überprüfen Sie Ihre Hypothese, indem Sie
   - die Situation des lyrischen Ichs und dessen Intentionen erläutern,
   - die Metaphorik und die einzelnen Motive des Gedichts analysieren,
   - das Gedicht in den Kontext seiner Entstehungszeit setzen.

Bertolt Brecht (1898–1956)
Das Schiff (1927)

1
Durch die klaren Wasser schwimmend vieler Meere
Löst ich schaukelnd mich von Ziel und Schwere
Mit den Haien ziehend unter rotem Mond.
Seit mein Holz fault und die Segel schlissen
5 Seit die Seile modern, die am Strand mich rissen
Ist entfernter mir und bleicher auch mein Horizont.

2
Und seit jener hinblich und mich diesen
Wassern die entfernten Himmel ließen
Fühl ich tief, daß ich vergehen soll.
10 Seit ich wußte, ohne mich zu wehren
Daß ich untergehen soll in diesen Meeren
Ließ ich mich den Wassern ohne Groll.

3
Und die Wasser kamen, und sie schwemmten
Viele Tiere in mich, und in fremden
15 Wänden freundeten sich Tier und Tier.
Einst fiel Himmel durch die morsche Decke
Und sie kannten sich in jeder Ecke
Und die Haie blieben gut in mir.

4
Und im vierten Monde schwammen Algen
20 In mein Holz und grünten in den Balken:
Mein Gesicht ward anders noch einmal.
Grün und wehend in den Eingeweiden
Fuhr ich langsam, ohne viel zu leiden
Schwer mit Mond und Pflanze, Hai und Wal.

5
25 Möw' und Algen war ich Ruhestätte
Schuldlos immer, daß ich sie nicht rette.
Wenn ich sinke, bin ich schwer und voll.
Jetzt, im achten Monde, rinnen Wasser
Häufiger in mich. Mein Gesicht wird blasser.
30 Und ich bitte, daß es enden soll.

6
Fremde Fischer sagten aus: sie sahen
Etwas nahen, das verschwamm beim Nahen.
Eine Insel? Ein verkommnes Floß?
Etwas fuhr, schimmernd von Möwenkoten
35 *Voll von Alge, Wasser, Mond und Totem*
Stumm und dick auf den erbleichten Himmel los. Ⓡ

Arbeitsanregungen

1. Interpretieren Sie das Gedicht, indem Sie
   - sein Thema formulieren und seinen Inhalt erläutern,
   - seine Perspektive, die Metaphorik und die einzelnen Motive analysieren,
   - eine mögliche Aussageabsicht darlegen.
2. Vergleichen Sie „Das Schiff" mit „Hinter dem Horizont" von Oskar Loerke (▶ S. 49).

Joachim Ringelnatz (1883–1934)

Segelschiffe (1932)

Sie haben das mächtige Meer unterm Bauch
Und über sich Wolken und Sterne.
Sie lassen sich fahren vom himmlischen Hauch
Mit Herrenblick in die Ferne.

5 Sie schaukeln kokett in des Schicksals Hand
Wie trunkene Schmetterlinge.
Aber sie tragen von Land zu Land
Fürsorglich wertvolle Dinge.

Wie das im Winde liegt und sich wiegt,
10 Tauwebüberspannt[1] durch die Wogen,
Das ist eine Kunst, die friedlich siegt,
Und ihr Fleiß ist nicht verlogen.

Es rauscht wie Freiheit. Es riecht wie Welt. –
Naturgewordene Planken
15 Sind Segelschiffe. – Ihr Anblick erhellt
Und weitet unsre Gedanken.

1   **tauwebüberspannt:** mit einem Gewebe aus Tauen überspannt

Paul Klee:
Abfahrt der Schiffe (1927)

Arbeitsanregungen

1. Untersuchen Sie, wie der lyrische Sprecher die Segelschiffe beschreibt, und erklären Sie, welche Bedeutung er ihnen beimisst.
2. Analysieren Sie die sprachliche Gestaltung des Gedichts und erläutern Sie, was diese für den Inhalt leistet.

Kurt Tucholsky (1890–1935)
Luftveränderung (1924)

Fahre mit der Eisenbahn,
fahre, Junge, fahre!
Auf dem Deck vom Wasserkahn
wehen deine Haare.

5 Tauch in fremde Städte ein,
lauf in fremde Gassen;
höre fremde Menschen schrein,
trink aus fremden Tassen.

Flieh Betrieb und Telefon,
10 grab in alten Schmökern,
sieh am Seinekai, mein Sohn,
Weisheit still verhökern[1].

Lauf in Afrika umher,
reite durch Oasen;
15 lausche auf ein blaues Meer,
hör den Mistral blasen!

Wie du auch die Welt durchflitzt
ohne Rast und Ruh –:
Hinten auf dem Puffer sitzt
20 du.

Bücherverkauf am Seineufer (Foto, 1905)

1 Am Kai der Seine in Paris werden seit Jahrhunderten
antiquarische Bücher verkauft.

Mascha Kaléko (1907–1975)
Auf Reisen (ca. 1968)

Ich gehe wieder auf Reisen
Mit meiner leisen
Gefährtin, der Einsamkeit.

Wir bleiben zu zweien einsam
5 Und haben nichts weiter gemeinsam
Als diese Gemeinsamkeit.

Die Fremde ist Tröstung und Trauer
Und Täuschung wie alles. Von Dauer
Scheint Traum nur und Einsamkeit. Ⓡ

Arbeitsanregungen

1. Erklären Sie, welche Aussagen die beiden Sprecher in den Gedichten zum Thema „Reisen" machen.
2. Analysieren Sie die formale und sprachliche Gestaltung der beiden Texte (Reim, Metrum ...). Beschreiben Sie, welche Grundstimmung dadurch jeweils erzeugt wird.
3. Wie verstehen Sie die letzte Strophe von Tucholskys Gedicht?
4. Die „Fremde" als „Täuschung wie alles": Recherchieren Sie zu Mascha Kalékos Biografie und stellen Sie Vermutungen an, worauf diese Einschätzung anspielen könnte.
5. Kurt Tucholskys „Luftveränderung", Mascha Kalékos „Auf Reisen" und Gottfried Benns „Reisen" (S. 7): Welche beiden Gedichte würden Sie für einen Gedichtvergleich auswählen? Begründen Sie Ihre Entscheidung.

Bertolt Brecht (1898–1956)

Lied der Starenschwärme (1932)

1

Wir sind aufgebrochen im Monat Oktober
In der Provinz Suiyuan
Wir sind rasch geflogen in südlicher Richtung, ohne abzuweichen
Durch vier Provinzen fünf Tage lang.
5   Fliegt rascher, die Ebenen warten
          Die Kälte nimmt zu und
          Dort ist Wärme.

2

Wir sind aufgebrochen und waren achttausend
Aus der Provinz Suiyuan
10   Wir sind mehr geworden täglich um Tausende, je weiter wir kamen
Durch vier Provinzen fünf Tage lang.
          Fliegt rascher, die Ebenen warten
          Die Kälte nimmt zu und
          Dort ist Wärme.

3

15   Wir überfliegen jetzt die Ebene
In der Provinz Hunan
Wir sehen unter uns große Netze und wissen
Wohin wir geflogen sind fünf Tage lang:
          Die Ebenen haben gewartet
20   Die Wärme nimmt zu und
          [...]

Arbeitsanregungen

1. Der letzte Vers des Gedichts wurde weggelassen.
   Wählen Sie aus den folgenden Alternativen die Ihrer Ansicht nach am besten passende aus und begründen Sie Ihre Wahl:
   ● Der Tod ist uns sicher.
   ● Wir sind gerettet.
   ● Viel liegt noch vor uns ...
   ● Wir spotten der Vogelfänger!
2. Vergleichen Sie Ihre Lösung mit dem Originalvers aus Brechts Gedicht (▶ S.86).
3. Verfassen Sie eine Interpretation zu Brechts „Lied der Starenschwärme", in der Sie auch auf den letzten Vers des Gedichts eingehen.
4. Prüfen Sie, inwiefern es berechtigt ist, Brechts Text in eine Sammlung von Gedichten zum Thema „Reisen" aufzunehmen.

Mascha Kaléko (1907–1975)
Vagabundenspruch (1945)

Man soll seinen Mantel nicht zu lang an den gleichen Nagel hängen,
Weil es so oft dieser Nagel nur ist, der uns am Ende noch hält.
– Wer von uns weiß es denn noch, dass auch die düsteren, engen
Gassen ins Offene führen, in die unendliche Welt ...

5 Bleib du in keiner Stadt; denn ihre Türme und Mauern
Sind Menschenwerk und haben nicht Bestand.
Doch Wälder, Berg und Strom schuf Gottes Hand.
Sie werden uns ein Weilchen überdauern
Auf diesem Stern, wo man so rasch vergißt.
10 – Wer sollte wohl um unsereinen trauern,
Der überall ein Zugereister ist;
Ein Herbergsschild vielleicht? Ein Polizist?

Was mich betrifft, ich weiß, es grünt das Feld,
Wenn längst kein räudiger Hund mehr nach mir bellt.
15 Und Schiffe ziehn, und Küsten blühn für andre.
Wer weiß das nicht? ... Weil sich das so verhält
Auf dieser tollen, Wunder vollen Welt,
Nimm deinen Mantel von der Wand und wandre. Ⓡ

Hilde Domin (1909–2006)
Ziehende Landschaft (1959)

Man muss weggehen können
und doch sein wie ein Baum:
als bliebe die Wurzel im Boden,
als zöge die Landschaft und wir ständen fest.
5 Man muss den Atem anhalten,
bis der Wind nachlässt
und die fremde Luft um uns zu kreisen beginnt,
bis das Spiel von Licht und Schatten,
von Grün und Blau,
10 die alten Muster zeigt
und wir zuhause sind,
wo es auch sei,
und niedersitzen können und uns anlehnen,
als sei es an das Grab
15 unserer Mutter.

Arbeitsanregungen

1. Beschreiben Sie, welche Einstellung zur Welt das lyrische Ich in den beiden Gedichten jeweils formuliert.
2. Erläutern Sie die in den Gedichten zur Sprache gebrachten Empfehlungen und deren Begründungen. Klären Sie in diesem Zusammenhang auch die Bedeutung der Titel.
3. Arbeiten Sie jeweils heraus, was die sprachliche Gestaltung für den Inhalt des Gedichts leistet.
4. Charakterisieren und vergleichen Sie die Grundstimmung der beiden Gedichte.
5. Welche Unterschiede sehen Sie in der Aussageabsicht der beiden Texte?

Bertolt Brecht (1898–1956)
Der Radwechsel (1953)

Ich sitze am Straßenhang.
Der Fahrer wechselt das Rad.
Ich bin nicht gern, wo ich herkomme.
Ich bin nicht gern, wo ich hinfahre.
5 Warum sehe ich den Radwechsel
Mit Ungeduld?

*Yaak Karsunke (*1934)*
Matti[1] wechselt das rad (1969)

Ich sitze am Straßenhang.
Der Fahrer wechselt das Rad.
Ich bin nicht gern, wo ich herkomme.
Ich bin nicht gern, wo ich hinfahre.
Warum sehe ich den Radwechsel
Mit Ungeduld?
Bertolt Brecht

während ich den reifen abmontiere
haut sich der chef auf die wiese, sieht dauernd rüber.
als fahrer verwartest du stunden, warum
wird er nervös, wenn er einmal
5 auf mich warten muss? wenn die panne
ihn zu viel zeit kostet: er
kann mir ja helfen.

[1] **Matti:** Figur aus Brechts Drama „Herr Puntila und sein Knecht Matti" (entstanden 1940/41) In diesem Drama ist Matti der gutmütige Chauffeur des dem Alkohol ergebenen Gutsherrn Puntila, der in nüchternem Zustand ein Ausbeuter ist, in betrunkenem jedoch zum Menschenfreund mutiert, der seinen Chauffeur schätzt.
Karsunke zitiert Brechts Gedicht und ergänzt es durch ein eigenes, das die Perspektive wechselt und die von Brecht dargestellte Situation aus der Sicht des Fahrers erzählt.

Arbeitsanregungen

1. Interpretieren Sie Brechts Gedicht. Beschreiben Sie dafür zunächst, was in dem Sprecher im Gedicht vorgeht.
2. Prüfen Sie die Gedanken des lyrischen Ichs bei Karsunke: Inwieweit sind seine Wahrnehmungen und Schlussfolgerungen im Sinne von Brechts Gedicht richtig?
3. Analysieren Sie die Sprache beider Figuren und erläutern Sie, was die Sprache zur Charakterisierung beiträgt.
4. „‚Der Radwechsel' und ‚Matti wechselt das rad' – Reisegedichte und/oder politische Lyrik?" – Diskutieren Sie.
5. Nach vollzogenem Radwechsel kommt es auf der Weiterfahrt in beiden Gedichten zu einem Dialog zwischen dem Chef und seinem Fahrer. Verfassen Sie diese Dialoge arbeitsteilig. Prüfen Sie anschließend, ob sie sich gleichen.

Ingeborg Bachmann (1926–1973)
Aus: **Lieder von einer Insel** (1956)

Wenn einer fortgeht, muss er den Hut
mit den Muscheln, die er sommerüber
gesammelt hat, ins Meer werfen
und fahren mit wehendem Haar,
5 er muss den Tisch, den er seiner Liebe
deckte, ins Meer stürzen,
er muss den Rest des Weins,
der im Glas blieb, ins Meer schütten,
er muss den Fischen sein Brot geben
10 und einen Tropfen Blut ins Meer mischen,
er muss sein Messer gut in die Wellen treiben
und seinen Schuh versenken,
Herz, Anker und Kreuz,
und fahren mit wehendem Haar!
15 Dann wird er wiederkommen.
Wann?
      Frag nicht.

Karl Krolow (1915–1999)
Vorbereitung einer Reise (1956)

Ehe man sein Hemd wechselt
Und das Gesicht des Kalenders verhängt,
Ist es gut, die Blumen
Aus den Vasen zu tun
5 Und durch abgelegte Handschuhe
Zu ersetzen.
Zehn Lederfinger winken einem nach
Aus dem Glas, wenn man
Seinen Mantel nimmt.

10 Die Trauer ist unbekleidet.
Sie tritt durch die Tür
Und lässt sich nicht
Durch ein Kopfnicken grüßen.
Aber Tisch und Stuhl
15 Bleiben nun unter sich.
Das Flüstern der Wände wird
Den Nachbarn nicht beunruhigen.
Die letzte Mahlzeit
Vergeht im Schweigen der Südfrüchte.

Mary Adshead:
Packen für die Reise (1935)

Arbeitsanregungen

1. In beiden Gedichten geht es um das Fortgehen. Beschreiben Sie, welche Aspekte der Sprecher im Gedicht dabei jeweils hervorhebt.
2. Untersuchen Sie die einzelnen Motive der Texte.
3. Zeigen Sie am Text, welche Deutungsmöglichkeiten die beiden Gedichte eröffnen.
4. Beschreiben Sie, wie das Motiv „Aufbruch" in der Abbildung gestaltet wird. Stellen Sie vergleichende Bezüge zu den Texten her.

4.2 „Die vergeblichen Fantasien" – Reiselyrik seit den 1970er-Jahren

1963 wurde der Jahresurlaub in Westdeutschland rechtsverbindlich, die monetären Möglichkeiten der meisten Menschen waren aber immer noch sehr begrenzt. In den 1970er-Jahren nahm die Entfernung der Reiseziele langsam zu. Immer noch zählte Italien zu den bevorzugten Reisezielen, doch auch die Balearen wurden schon als Geheimtipp gehandelt. Wegen der deutlichen Erhöhung der Realeinkommen konnten sich viele Westdeutsche ein Auto zulegen und damit in den Urlaub fahren. DDR-Bürgerinnen und -Bürger waren hingegen bis zur Wiedervereinigung oft auf Bahn und Schiff angewiesen und konnten nur in Länder des damaligen Ostblocks reisen. Seit den 1990er-Jahren boomt die Tourismusindustrie in den westdeutschen wie in den ostdeutschen Bundesländern.

Im Laufe der Jahre – und insbesondere im neuen Jahrhundert – wurden die Reiseziele immer exklusiver, der Radius der Reisen nahm immer weiter zu, was auch mit sinkenden Flugpreisen und der Entwicklung des Internets und der Online-Anbieter zusammenhängt.

Marie Luise Kaschnitz (1901–1974)
Aus: **Wohin denn ich: Aufzeichnungen** (1963)

[...] Obwohl mir bekannt war, dass eine Gefahr höchstens beim Starten und Landen besteht, hatte ich doch in beinahe jedem Augenblick meines Fluges Angst. So hoch über den Wolken zu reisen erschien mir ungeheuerlich und zugleich langweilig, die Erde glich einer schlecht belichteten Flugaufnahme, die berühmte Vogelschau war keineswegs so reizvoll wie die Menschenschau, die ja alles andere,
5 Gerüche, Windhauch, Wellengeräusche, in sich schließt. [...] Den Stadtwald erkannte ich noch, da waren noch unsere Fußspuren, aber überweht, übergangen, da hatte einmal Schnee gelegen, da hatte einmal der Ginster geblüht. Gleich war das Flugzeug, wie der Lautsprecher meldete, auf zweitausend Meter Höhe, gleich würde es zerspringen oder gegen einen Berg prallen, schwer zu finden wären dann unsere Gliedmaßen, Hände, Füße abgerissen und im ewigen Schnee verstreut. [...]

Dieter Mucke (1936–2016)
Reiseeindruck (1977)

Man sollte nicht über den Wolken schweben?
Ich werde nicht für immer oben bleiben.
Nur möcht ich nicht zu sehr am Boden kleben
Und als Reptil mir meine Frist vertreiben.

5 Das Flugzeug komprimiert die Zeit so dicht.
Da kann ein Tag ein ganzes Jahr aufwiegen
In dem die grauen Wochen ihre Schichten schieben.
Du traust fast deinen eignen Augen nicht.

Jetzt weiß ich, dass es breite Flüsse gibt
10 Die nicht zum Gotterbarmen in den Himmel stinken
Aus denen Mensch und Tier das klarste Wasser trinken.

Die sind so rein, dass sich der Blick nicht trübt
Als wären sie erst einen Tag erschaffen
Dass wir sie wie Naturwunder begaffen.

Arbeitsanregungen

1. Vergleichen Sie die beiden Texte inhaltlich:
   - Wie wird der Flug jeweils erlebt?
   - Was verrät das lyrische Ich bzw. der Ich-Erzähler indirekt über das eigene Zuhause?
2. Wie bewerten Sie die verschiedenen Haltungen zum Fliegen, die in den beiden Texten zum Ausdruck kommen?
3. Formen Sie den Text von Kaschnitz um in ein Gedicht, das sich nicht reimen muss. Fügen Sie am Schluss noch eine eigene Strophe hinzu.

Wolf Wondratschek (*1943)
In den Autos (1976)

Wir waren ruhig,
hockten in den alten Autos,
drehten am Radio
und suchten die Straße
5 nach Süden.

Einige schrieben uns Postkarten aus der Einsamkeit,
um uns zu endgültigen Entschlüssen aufzufordern.

Einige saßen auf dem Berg,
um die Sonne auch nachts zu sehen.

10 Einige verliebten sich,
wo doch feststeht, dass ein Leben
keine Privatsache darstellt.

Einige träumten von einem Erwachen,
das radikaler sein sollte als jede Revolution.

15 Einige saßen da wie tote Filmstars
und warteten auf den richtigen Augenblick,
um zu leben.

Einige starben,
ohne für ihre Sache gestorben zu sein.

20 Wir waren ruhig,
hockten in den alten Autos,
drehten am Radio
und suchten die Straße
nach Süden.

Günter Kunert (*1929)
Vom Reisen (1979)

[...] Reisen, wie ich es verstehe, ist kein Hintersichbringen einer Entfernung zwischen zwei näher
oder entfernter gelegenen Orten, um so rasch wie möglich einen Zweck zu erfüllen, was Zusammen-
setzungen wie „Geschäftsreise", „Dienstreise" falsch und widersprüchlich benennen. *Reisen* meint
weder das Verlassen des Heimes noch der Heimatstadt noch des so genannten Vaterlandes, sondern
5 vor allem: der Gewohnheit. Selbst noch im letzten, von keiner Einsicht getrübten Touristen schim-
melt im Unterbewusstsein etwas vom existenziellen Motiv des Reisens, das Metamorphose heißen
könnte. [...]
Derart vollzieht sich an Reisenden die goethesche Sentenz „Reisen bildet", was dem Sprachgebrauch
des Alten zufolge wahrscheinlich mehr enthält als nur Bildungserlebnis und wohl eher und glaub-
10 hafter besagt, dass, wer da reise, zum Menschen gebildet werde.

Friedrich Christian Delius (*1943)

Lieder eines fahrenden Gesellen[1] (1977)

An den Autos das Blech wird immer heller
Die billigen Farben leuchten das Land aus
An allen Kreuzungen südlich von Wolfsburg
Warten die neuesten Volkswagen ungeduldig
5 Auf den Tod Hier will ich nicht
Geboren sein

Wir fahren Im Radio Lieder
Von Mahler Nach Braunschweig
15 Kilometer Lieder eines fahrenden Gesellen
10 Im Radio Sopran Ging heut Morgen übers Feld[2]
Aus Braunschweig warum nicht aus Braunschweig
Kam der Beamte der das Hakenkreuz
In meine Geburtsurkunde stempelte

Lieder eines Mannes aus Böhmen vor 90 Jahren
15 Geschrieben drängen auf elektromagnetischen
Schwingungen mit Lichtgeschwindigkeit auf diesen
Lautsprecher in unsere nackten Ohren
Fahren fahren übers Feld
In diesen Minuten
20 Mitte der Welt

Lass das Fenster zu Ich will es nicht hören
Das Getöse der Taschenrechner Nicht sehen
Die Fassaden schamlos hinter Passanten mit der
Sehnsucht nach der blauen Schönheit der
25 Hundertmarkscheine Hier will ich nicht
Leben Wir fahren Wir mit kindlichen
Stimmen jagen der Welt hinterher

1 **Lieder eines fahrenden Gesellen:** Liederzyklus von Gustav Mahler
   aus dem Jahr 1884
2 **Ging heut Morgen übers Feld:** Zeile aus diesem Zyklus

Arbeitsanregungen

1. Geben Sie eine kurze Einführung in die Thematik der Gedichte von Wondratschek (▶ S.58) und Delius.
   Beachten Sie dabei auch die Perspektive der Texte.
2. Erarbeiten Sie am Text, inwieweit sich die mit „wir" bezeichneten Personenkreise beider Gedichte
   ähneln. Wie sehen sie ihre Umwelt?
3. Interpretieren und vergleichen Sie die beiden Gedichte. (Übersicht zu Aspekten der Gedichtanalyse
   ▶ S.9)
4. Stellen Sie jeweils eine Verbindung zwischen Gedicht und Abbildung her.
5. Fassen Sie Kunerts Text „Vom Reisen" (▶ S.58) in Thesen zusammen.
   Erörtern Sie seine Aussagen mit Bezug auf die Aussageabsicht der beiden Gedichte und mit Blick auf die
   Abbildungen.

Wulf Kirsten (*1934)
ausflug (1969)

asphaltchausseen,
pfeilschnell überrollt.
die welt ein flüchtiges grün.
aus allen kronen ruft es lautlos
5 sommer.
in ruhe und schatten
schnarchen die schläfer.

schreit wer: ein lied
dem deutschen laub- und nadelwald!
10 ausgestreut sind häherfedern, blau getupft.
es zetern die tirolerhüte
weghin zum nächsten waldlokal:
wer hat dich …[1]

der abgetretne berg
15 zieht seinen hut.
im unsichtbaren liegt die weite welt,
nur wer ein fernrohr bei sich trägt,
sieht böhmische dörfer[2]
wie gestochen liegen.

---

1 **Wer hat dich, du schöner Wald** …: Volkslied, Vertonung des Gedichts „Der Jäger Abschied" von Joseph von Eichendorff (siehe rechts)
2 **böhmisches Dorf:** Böhmen grenzt an Sachsen, wo Kirsten als DDR-Bürger lebte und arbeitete. Zugleich stehen „böhmische Dörfer" in der Redewendung „Das sind für mich böhmische Dörfer" für Unbekanntes, Unverständliches.

Joseph von Eichendorff (1788–1857)
Der Jäger Abschied (1810)

Wer hat dich, du schöner Wald,
Aufgebaut so hoch da droben?
Wohl den Meister will ich loben,
Solang noch mein' Stimm' erschallt.
5 Lebe wohl,
Lebe wohl, du schöner Wald!

Tief die Welt verworren schallt,
Oben einsam Rehe grasen,
Und wir ziehen fort und blasen,
10 Dass es tausendfach verhallt:
Lebe wohl,
Lebe wohl, du schöner Wald!

Banner[1], der so kühle wallt!
Unter deinen grünen Wogen
15 Hast du treu uns auferzogen,
Frommer Sagen Aufenthalt!
Lebe wohl,
Lebe wohl, du schöner Wald!

Was wir still gelobt im Wald,
20 Wollen's draußen ehrlich halten,
Ewig bleiben treu die Alten:
Deutsch Panier[1], das rauschend wallt,
Lebe wohl,
Schirm dich Gott, du schöner Wald!

---

1 **Banner, Panier:** Fahne

Arbeitsanregungen

1. Legen Sie dar, worum es in Kirstens Gedicht geht.
2. Schreiben Sie die zweite Strophe von „ausflug" um in einen zusammenhängenden Text aus vollständigen Sätzen. Vergleichen Sie Ihre Versionen.
3. Wie verstehen Sie die Schlusspointe des Gedichts (V. 16–19)?
4. Inwiefern kann Kirstens Gedicht als Satire bezeichnet werden? Auf wen würde der Spott zielen?
5. „Wer hat dich …" – Erläutern Sie den intertextuellen Bezug auf Eichendorffs Gedicht und seine Funktion in Kirstens Text.

Deutsches Paar mit Kind (englische Postkarte, frühes 20. Jh.)

Wolf Biermann (*1936)
Und als wir ans Ufer kamen (1976)

Und als wir ans Ufer kamen
Und saßen noch lang im Kahn
Da war es, dass wir den Himmel
Am schönsten im Wasser sahn
5 Und durch den Birnbaum flogen
Paar Fischlein. Das Flugzeug schwamm
Quer durch den See und zerschellte
Sachte am Weidenstamm
–   am Weidenstamm

10 Was wird bloß aus unsern Träumen
In diesem zerrissnen Land
Die Wunden wollen nicht zugehn
Unter dem Dreckverband
Und was wird mit unsern Freunden
15 Und was noch aus dir, aus mir –
Ich möchte am liebsten weg sein
Und bleibe am liebsten hier
–   am liebsten hier

Wolf Biermann, Köln-Konzert (1976)

Wolf Biermann (*1936)
Der Riss, der durch uns geht (2001)

[...] Dieses Gedicht [„Und als wir ans Ufer kamen"] lieferte mir den Text für eines der letzten Lieder, die ich kurz vor meiner Ausbürgerung noch in Ostberlin schrieb. Das uralte lyrische Motiv: Im Wasser spiegelt sich der Himmel. Die unerhört neue Sicht aber: Im Himmel spiegelt sich das geteilte Vaterland. Ein Liebespaar sitzt da im Boot auf dem Möllensee bei Erkner, östlich von Berlin, also ge-
5 nau dort, wo mein Freund Robert Havemann, zum jahrelangen „Hausarrest" verurteilt, tapfer wider-stand [...]. Gesungen habe ich diese zerrissene Idylle dann zum ersten Mal im Köln-Konzert am 13. November 1976, das passte. [...] Genauer gesagt: Es sind die beiden Zeilen: „Die Wunden wollen nicht zugehn / Unter dem Dreckverband" Ja, die Dreckverbände aus Stacheldraht und Propaganda-lügen sind endlich abgerissen. Die deutsche Wunde liegt nun offen seit zehn Jahren.

Arbeitsanregungen
1. Beschreiben Sie die äußere Situation des lyrischen Sprechers in Biermanns Gedicht und erläutern Sie sein inneres Befinden.
2. Analysieren Sie, wie die Form und Sprache des Gedichts seinen Inhalt zum Ausdruck bringen.
3. Diskutieren Sie die Frage, inwieweit Biermanns Ausführungen aus dem Jahr 2001 als Interpretationshilfe für das Gedicht genutzt werden können.

Sarah Kirsch (1935–2013)
Fluchtpunkt (1982)

Heine ging zu Fuß durchs Gebirge
Er vertrödelte sich in Häusern, auf Plätzen
Und brauchte zwei Wochen für eine Strecke
Die wir in einem Tag durchgefahrn wären
5 Unsere Reisen führen von einem Land
Gleich in das nächste von Einzelheiten
Können wir uns nicht aufhalten lassen
Uns zwingen die eignen Maschinen
Ohne Verweilen weiterzurasen Expeditionen
10 Ins Innre der Menschen sind uns versagt
Die Schutthalden Irrgärten schönen Gefilde
Bleiben unerforscht und verborgen
Die Kellner brauchen unsere Zeitung nicht
Ihre Nachrichten sind aus dem Fernsehn
15 Es gibt verschiedene Autos eine Art Menschen
Alles ist austauschbar wo wir auch sind.

Walter Helmut Fritz (1929–2010)
Kein Widerspruch (1983)

Wir reisen von einem
Ende der Welt zum andern,
sehen das kritische Licht
einer afrikanischen Wüste

5 oder die nördlichen Nächte,
in denen die Sonne
fast immer auf Urlaub ist,
den Indischen Ozean

der die vorüberfahrenden Schiffe
10 mit großer Ruhe betrachtet,
oder die Bibliothek von Babel
in Buenos Aires

und leben dabei in Baden
oder in Hamburg,
15 in Straßen, mit Nachbarn,
die uns seit Langem vertraut sind.

*Ludwig Fels (*1946)*
Fluchtweg (1984)

Einen Sommer lang gehn
durch Heide und über Gebirg
sich vom Wegrand ernähren
segeln durch wogendes Getreide
5 immer den Vögeln nach und den Sonnen
bevor sie ausgerottet sind.
Man muss erfahren haben
welche Welt vergeht.

Arbeitsanregungen

1. ● Formen Sie Sarah Kirschs Gedicht um in einen epischen Text mit korrekter Interpunktion.
   ● Vergleichen Sie Ihren Text mit dem Gedicht und beschreiben Sie, was sich geändert hat.
   ● Erläutern Sie, was die Umformung zu Ihrem Verständnis des Gedichts beiträgt.
2. Wie verstehen Sie den letzten Satz des Gedichts „Fluchtpunkt"?
3. Könnte man das Gedicht von Walter Helmut Fritz als Fließtext an Ihren Text aus Aufgabe 1 anhängen, ohne dass ein Bruch entstünde? Begründen Sie Ihre Einschätzung am Text beider Gedichte.
4. Deuten Sie die Titel der beiden Gedichte.
5. Sarah Kirschs „Fluchtpunkt" und Ludwig Fels' „Fluchtweg": Erarbeiten Sie in kompakter Form die Unterschiede in der Aussageabsicht der Gedichte.

Friedrich Nietzsche (1844–1900)
Vereinsamt (ca. 1884)

Die Krähen schrein
Und ziehen schwirren Flugs zur Stadt:
Bald wird es schnein –
Wohl dem, der jetzt noch – Heimat hat!

5 Nun stehst du starr,
Schaust rückwärts, ach! wie lange schon!
Was bist du Narr
Vor Winters in die Welt – entflohn?

Die Welt – ein Tor
10 Zu tausend Wüsten, stumm und kalt!
Wer das verlor,
Was du verlorst, macht nirgends halt.

Nun stehst du bleich,
Zur Winter-Wanderschaft verflucht,
15 Dem Rauche gleich,
Der stets nach kältern Himmeln sucht.

Flieg, Vogel, schnarr
Dein Lied im Wüsten-Vogel-Ton! –
Versteck, du Narr,
20 Dein blutend Herz in Eis und Hohn!

Die Krähen schrein
Und ziehen schwirren Flugs zur Stadt:
Bald wird es schnein,
Weh dem, der keine Heimat hat!

*Ulla Hahn (*1945)*
Auf Erden (1985)

Gelassen schau ich diesen Himmel an.
Natur. Natürlich fallen mir Vergleiche ein.
Ein Alpenveilchentöpfchen könnt es sein
was hoch hinaus am Horizont erglüht.

5 Es ist mir trotzdem kalt. Die Wiesen weiß
vereist. Die Sonne schwach. Aufs Autodach
fiel Schnee und auf die Felder fallen
strenge Metaphern ohne Reim herein.

Die Krähen schrein. Natürlich ziehn
10 sie schwirren Flugs zur Stadt. Wer
keine Heimat hat schaut sich
den Himmel an.

Arbeitsanregungen

1. Analysieren Sie das Gedicht „Auf Erden" inhaltlich, formal und sprachlich.
2. Ulla Hahn nimmt in ihrem Gedicht Bezug auf das berühmte Gedicht „Vereinsamt" von Friedrich Nietzsche.
   - Formulieren Sie Interpretationshypothesen zur Absicht, die sie damit verbindet.
   - Vergleichen Sie die beiden Gedichte.

*Hans Magnus Enzensberger (*1929)*
Paxe[1] (2003)

Diese Leute mit ihren Sonnenbrillen,
ihren Cremes, ihren komischen Mützen –
Unermüdliche sind es, geleitet
von Märchenerzählern,
5 die ihnen in den Ohren liegen
mit langwierigen Litaneien[2],
und von energischen Hirten,
die sie durch Grüfte und Höhlen,
über Trümmerfelder und Tempel,
10 auf die entlegensten Berge treiben.

Mühselige sind es und Beladene
aus Wuppertal und Chicago.
Weiß der Himmel, warum
sie vergessene Götter verehren,
15 wofür sie Vergebung suchen
und wundertätige Heilung.

Unverständlich die heiligen Inschriften,
verschwunden die Gebeine der Könige,
die Gräber leer,
20 geplündert die goldenen Talismane[3],
die Säule des Eremiten[4] verlassen.

In Scharen ziehen sie hin
durch die Wüste, durch Staub und Schnee.
Wallfahrer sind es,
25 wenngleich von anderer Art,
ohne Muschel, Pilgerhut, Stab und Kutte,
und ohne Hoffnung auf Gnade.

Horst Haitzinger, 1987

1 **Paxe (= persons approximately):** in der Tourismusbranche übliche Bezeichnung für Urlauber, die bei einem Reiseunternehmen gebucht haben
2 **Litanei:** ursprünglich: Gebet im Gottesdienst; umgangssprachlich (abwertend): langatmige, langweilige Darlegung
3 **Talisman:** Gegenstand mit Zauberkräften, Glücksbringer
4 **Eremit:** Einsiedler, allein lebender Mönch

Arbeitsanregungen

1. Analysieren Sie, wie das Thema „Massentourismus" in Enzensbergers Gedicht gestaltet wird (Perspektive, Inhalt, Sprache, Form). Nutzen Sie die Übersicht zu Aspekten der Gedichtanalyse auf S. 9.
2. ● Wie verstehen Sie die Karikatur von Horst Haitzinger? In der Denkblase zitiert Goethe seinen „Faust" (Ende der Szene „Osterspaziergang").
    ● Verfassen Sie als Bildunterschrift einen Satz, den Goethe zu seinem Begleiter J. P. Eckermann in der Karikatur sagen könnte.
    ● Vergleichen Sie Ihren Satz mit der Bildunterschrift Haitzingers (▶ S. 86).
    ● Beziehen Sie die Karikatur auf Enzensbergers Gedicht.

Georg Britting (1891–1964)

Bei den Tempeln von Paestum[1] (1937/38)

Hier lässt sich's atmen. Und hier stirbt
                   sich's leicht.
Die weißen Ochsen tragen ihr Gehörn.
Der Falke jagt im dunklen Himmel.
5 Die Tempel stehen still erhaben da.

Es blüht der Löwenzahn, grad wie bei uns,
Mit goldner Farbe und in großer Zahl.
Die Götter mögen auch den Löwenzahn?
In Bayern steht er so auf jeder Wiese.

10 Mein Schatten wirft sich schwarz.
Und Schatten, Himmel und der Löwenzahn
Sind wie bei uns.

Die Tempel sind mir gar nicht fremd.
Sie stehen still erhaben da.
15 Hier lässt sich's atmen,
Und hier stirbt sich's leicht –
So denkt das Herz
Und hört der Säulen weißes Wort
Im leichten Wind
20 Wie Zitherspiel am Tegernsee.

1 **Paestum:** berühmte antike Tempelruine bei Salerno in Italien

*Hans Magnus Enzensberger (*1929)*

Kleiner Abgesang
auf die Mobilität (2003)

Es war kalt in Bogotá.
Alle Restaurants hatten Ruhetag
in Mindelheim an der Mindel.
Auf Fidji strömender Regen.
5 Helsinki war ausgebucht.
In Turin streikte die Müllabfuhr.
Überall Straßensperren
in Bujambara[1]. Die Stille
über den Dächern von Pécs[2]
10 war der Panik nahe.
Noch am ehesten auszuhalten
war es unter dem Birnbaum
zu Hause.

1 **Bujumbura:** Hauptstadt von Burundi
2 **Pécs:** Fünfkirchen, Stadt in Ungarn

*Günter Kunert (*1929)*

Genug gereist (2011)

Ich bin kein Columbus.
Benötigte Gewürze gibt's
hinter der nächsten Ecke.
Just dort, wo die Nornen[1]
5 kundig und weiß bekittelt
tagsüber den Faden
sinnleerer Worte fortspinnen.
Kein Forscher aber entdeckt
die vergeblichen Fantasien
10 hinter den gesenkten Stirnen.
Das stets Unerreichbare
vergällt einem das Reisen.

1 **Nornen:** in der nordischen Mythologie Schicksalsgöttinnen, die den Schicksals- bzw. Lebensfaden der
Menschen spinnen

Arbeitsanregungen

1. Formulieren Sie Interpretationshypothesen zu den drei Gedichten.
2. Wählen Sie zwei der Gedichte für einen Textvergleich aus. Entwickeln Sie konkrete Vergleichskriterien.
3. Entwerfen Sie eine gegliederte Stoffsammlung für den Gedichtvergleich und überprüfen Sie diese auf ihre inhaltliche Klarheit und Stringenz.
4. Arbeiten Sie die vergleichende Gedichtinterpretation aus (▶ S. 15).

5 Varianten des Reisemotivs

5.1 „Wir sitzen alle im gleichen Zug ...“ – Das Motiv „Eisenbahn“

Erich Kästner (1899–1974)

Das Eisenbahngleichnis (1931)

Wir sitzen alle im gleichen Zug
und reisen quer durch die Zeit.
Wir sehen hinaus. Wir sahen genug.
Wir fahren alle im gleichen Zug.
5   Und keiner weiß, wie weit.

Ein Nachbar schläft, ein andrer klagt,
ein dritter redet viel.
Stationen werden angesagt.
Der Zug, der durch die Jahre jagt,
10   kommt niemals an sein Ziel.

Wir packen aus. Wir packen ein.
Wir finden keinen Sinn.
Wo werden wir wohl morgen sein?
Der Schaffner schaut zur Tür herein
15   und lächelt vor sich hin.

Auch er weiß nicht, wohin er will.
Er schweigt und geht hinaus.
Da heult die Zugsirene schrill!
Der Zug fährt langsam und hält still.
20   Die Toten steigen aus.

Ein Kind steigt aus. Die Mutter schreit.
Die Toten stehen stumm
am Bahnsteig der Vergangenheit.
Der Zug fährt weiter, er jagt durch die Zeit,
25   und niemand weiß, warum.

Die 1. Klasse ist fast leer.
Ein feister Herr sitzt stolz
im roten Plüsch und atmet schwer.
Er ist allein und spürt das sehr.
30   Die Mehrheit sitzt auf Holz.

Wir reisen alle im gleichen Zug
zur Gegenwart in spe[1].
Wir sehen hinaus. Wir sahen genug.
Wir sitzen alle im gleichen Zug
35   und viele im falschen Coupé[2].

1 **in spe:** zukünftig, kommend
2 **Coupé:** Eisenbahnabteil

*Günter Kunert (*1929)*

Lass uns reisen (1965)

Die Lokomotiven tönen. Die Züge
Warten. Lass uns reisen.

Berge und Seen. Vergangenheit
Und Gegenwart. Wald und Sumpf.
5   Träume und Leben. Unaufhaltsam
Ziehen vorbei sie.

Lass uns reisen in
Gewissheit: Wo wir auch anlangen,
Liegt das Ziel
10   Schon hinter uns.

Arbeitsanregungen

1. Analysieren und vergleichen Sie die beiden Gedichte. Beachten Sie neben inhaltlichen auch sprachliche und formale Aspekte.
2. Diskutieren Sie die Frage, ob man auch Kunerts Gedicht mit „Eisenbahngleichnis“ überschreiben könnte.

Detlev von Liliencron (1844–1909)
Der Blitzzug (1903)

Quer durch Europa von Westen nach Osten
Rüttert und rattert die Bahnmelodie.
Gilt es die Seligkeit schneller zu kosten?
Kommt er zu spät an im Himmelslogis?
5 Fortfortfortfortfortfort drehn sich die Räder
 Rasend dahin auf dem Schienengeäder,
 Rauch ist der Bestie verschwindender Schweif,
 Schaffnerpfiff, Lokomotivengepfeif.

Länder verfliegen und Städte versinken,
10 Stunden und Tage verflattern im Flug,
Täler und Berge, vorbei, wenn sie winken,
Traumbilder, Sehnsucht und Sinnenbetrug.
 Mondschein und Sonne, noch einmal die Sterne,
 Bald ist erreicht die beglückende Ferne,
15 Dämmerung, Abend und Nebel und Nacht,
 Stürmisch erwartet, was glühend gedacht.

Dämmerung senkt sich allmählich wie Gaze[1],
Schon hat die Venus die Wache gestellt.
Nur noch ein Stündchen! Dann nimmt sich die Straße,
20 Trennt, was sich hier aneinandergesellt:
 Reiche Familien, Bankiers, Kavaliere,
 Landrat, Gelehrter, ein Prinz, Offiziere,
 „Damen und Herren", ein Dichter im Schwarm,
 Liebliche Kinder mit Spielzeug im Arm.

25 Nun ist das Dunkel dämonisch gewachsen,
In den Coupés brennt die Gasflamme schon,
Fortfortfortfortfortfort, glühende Achsen,
Schrillt ein Signal, klingt ein wimmernder Ton?
 Fortfortfortfortfortfort, steht an der Kurve,
30 Steht da der Tod mit der Bombe zum Wurfe?
 Halthalthalthalthalthalthalthalthaltein –
 Ein andrer Zug fährt mitten hinein.

Folgenden Tags, unter Trümmern verloren,
Finden sich zwischen verkohltem Gebein,
35 Finden sich schuttüberschüttet zwei Sporen,
Brennscheren, Uhren, ein Aktienschein,
 Geld, ein Gedichtbuch: „Seraphische Töne[2]",
 Ringe, ein Notenblatt: „Meiner Camöne[3]",
 Endlich ein Püppchen, im Bettchen verbrannt,
40 Dem war ein Eselchen vorgespannt.

1 **Gaze:** durchsichtiges Gewebe
2 **Seraph:** Engel, der den Thron Gottes umschwebt
3 **Camöne:** Muse, Schutzgöttin der schönen Künste

Horst Haitzinger, 1981

Arbeitsanregungen

1. ● Erarbeiten Sie mögliche Kriterien für einen Vergleich von Liliencrons „Der Blitzzug" mit Kästners „Eisenbahngleichnis" (▶ S. 66).
   ● Führen Sie den Vergleich durch.
2. Beziehen Sie die Karikatur auf die letzten beiden Strophen des Gedichts „Der Blitzzug".
3. Halten Sie Liliencrons Gedicht insgesamt für aktuell? Sie können sich bei der Erörterung dieser Frage auch auf Gedichte aus dem vorhergehenden Kapitel beziehen („Von der Neuen Sachlichkeit bis zur Gegenwart", S. 49–65).

Nicolas Born (1937–1979)
Im Zug Athen – Patras (1978)

Kahle Felsschädel, helle Augen
hell der Mund.
Alter Wortboden, wilder Rhododendron[1]
auf der Höhe
5   fruchtbar fruchtbar das Meer,
– Licht
scharfe elektrische Küsten.
Die Geometrie der Pflanzungen, und
der einzelne Olivenbaum
10   silberne Helligkeit, großer Sinn
kleinen Lebens, wie schwer verstehe ich.
Grüne Zitrone auf dem Sitz neben mir
hat wie viel mit meinem Leben zu tun.
Schatten des Zuges, Schatten des Esels,
15   viele dürre helle Bäume, kleine Schatten
in die Welt gesetzt,
kleine Liedchen, summt.

Rhododendron

Hans Carossa (1878–1956)
Der Eisenwagen rollt (1912)

Der Eisenwagen rollt. An gelben Lampen
Saugt Morgenschein. Die Reisenden erwachen
Und schaun sich an, frostnüchtern und noch müde.
Und wie nun in dem weißen Reif des Fensters
5   Ein Wald wächst, pflanzenhafte Vögel schlafen
Auf bläulichen Geweihen, das sieht keiner.
Ich aber wache gern und schau zuweilen
In die vergängliche verworrne Blindnis.
Zuletzt enthauch ich ihr ein Fleckchen Klarheit,
10   Das gleitet fliehender Landschaft still vorüber.
Ein Fährmann treibt inmitten schneebekränzter
Eistafeln riesenhoch auf breitem Strome,
Silbern umraucht, Boot, Mantel, Ruder, Hände
Noch schattenfahl und schwank, nur Hut und Antlitz
15   Aufglühend in das erste goldne Feuer.

Arbeitsanregungen

1. Formulieren Sie ein gemeinsames Thema beider Gedichte.
2. Analysieren Sie die Erlebniswelt des jeweiligen lyrischen Ichs. Erarbeiten Sie Unterschiede und Gemeinsamkeiten in einem Gedichtvergleich.
3. Welche Funktion hat das Motiv der Eisenbahnfahrt in den beiden Gedichten?

Sarah Kirsch (1935–2013)
Fahrt II (1967)

1

Aber am liebsten fahre ich Eisenbahn
durch mein kleines wärmendes Land[1]
in allen Jahreszeiten: der Winter
wirft Hasenspuren vergessne Kohlplantagen
5 durchs Fenster, ich seh die Säume der kahlen Bäume
zarte Linie ums Geäst sie fahren heran
drehn sich verlassen mich wieder

2

Im Frühjahr schreitet der Fasan vorbei
seine goldenen Löwenzahnfedern
10 machen ihn kostbar ich fürchte für ihn
schon ist er verschwunden, zerbrochne Erde
liegt schamlos am Bahndamm aber
beim Schrankenhäuschen wird sie geebnet
von Stiefmütterchen Pfingstrosenbüschen und Veilchen
15 ich seh schon den Sommer, da
wird das geflügelte Rad rotgestrichen
der Schrankenwärter legt aus Steinen
den Reisenden gute Wünsche

3

Arme Erde rußschwarz und mehlig
20 schöne Gegenfarbe von Schwertlilien, die blau
und mit seidig geäderten Blüten
in letzter Sonne stehn, das geht vorbei
neue Bilder drehn sich der Zug ist so langsam
daß ich die Pflanzen benennen kann
25 jetzt die Robinien Weißes und Grünes Duft
oder liegt auf den Pfennigblättern
Geriesel vom Kalkwerk

Ehemalige innerdeutsche Grenze

4

Die Fahrt wird schneller dem Rand meines Lands zu
ich komme dem Meer entgegen den Bergen oder
30 nur ritzendem Draht der durch Wald zieht, dahinter
sprechen die Menschen wohl meine Sprache, kennen
die Klagen des Gryphius wie ich
haben die gleichen Bilder im Fernsehgerät
doch die Worte
35 die sie hörn die sie lesen, die gleichen Bilder
werden den meinen entgegen sein, ich weiß und seh
keinen Weg der meinen schnaufenden Zug
durch den Draht führt
ganz vorn die blaue Diesellok Ⓡ

1   Bis zu ihrer Übersiedlung nach Westberlin 1977 war Sarah Kirsch
    DDR-Bürgerin.

Arbeitsanregungen

1. Benennen Sie in möglichst knapper Form das Thema des Gedichts.
2. Untersuchen Sie Inhalt, Sprache und Aufbau des Gedichts (▶ S. 9).
3. Informieren Sie sich zur Biografie der Autorin. Diskutieren Sie, inwieweit die biografischen Informationen für das Verständnis des Gedichts wichtig sind.

Hilde Domin (1909–2006)
Tokaidoexpress[1] (1964)

Wie ein Tokaidoexpress
sind wir durch die Geschichte gefahren
und kaum noch zu sehen
Ich rede in der Vergangenheitsform
5 während ich atme sehe ich mir nach
ich bin das Rücklicht
Als Rücklicht
leuchte ich vor euch her
euch Dichtern eines vielleicht zweifachen
10 Zuhauses
des Bodens auf dem ihr bleiben dürft
euer Land wird immer größer werden
wenn die Erdoberfläche sich zusammenzieht
und die Grenzen zurückweichen
15 unter den Flügeln der Menschen
ihr könnt gehen und doch bleiben
und im Worte wohnen
vielleicht im Worte vieler Sprachen zugleich
doch im deutschen zuerst
20 im deutschen
an dem wir uns festhielten
Ich der letzte
kämpfe für euch alle
um den Stempel in diesem Pass
25 um unsern Wohnsitz im deutschen
Wort

1 **Tokaidoexpress:** japanischer Hochgeschwindigkeitszug

Eva M. Sirowatka (1917–1988)
Lautlose Reise (1976)

Manchmal
in meinen Träumen
fahr ich in lautlosen Zügen
ostwärts –
5 immer das gleiche Ziel
wandere
auf endlosen Straßen
schattenlose Gestalten
gleiten vorbei
10 hinter Hügeln
versunkene Klänge
schweigend
empfängt mich der Wald
das Dorf mit den
15 windschiefen Dächern
das Haus der Jugend –
Schritte verhallen
in leeren Räumen –
eingeschlossen
20 in diesen Mauern
Weinen und Lachen
Stimme der Mutter –
bin nur ein Gast
im Haus des Vaters
25 Fremder
im eigenen Land
daheim
in der Fremde

Arbeitsanregungen

1. Formulieren Sie Fragen an die beiden Gedichte und versuchen Sie, sich diese gegenseitig zu beantworten.
2. Zeigen Sie in einem zusammenhängenden Text, wie das jeweilige lyrische Ich sich in seiner Zeit sieht.
3. Ein „Wohnsitz im deutschen Wort" ... Erläutern Sie das Verständnis von Sprache in Domins Gedicht.
4. Informieren Sie sich über die Biografien der beiden Autorinnen und diskutieren Sie die Frage, inwieweit sich die beiden Texte als Reisegedichte bezeichnen lassen.

Günter Kunert (*1929)
Wir sind unterwegs (1950)

Die Reise ins Morgen hat begonnen.
Nach den Zahlen und Zeiten
des großen Planes sind
die Züge
5 abgefahren,
die Weichen gestellt,
und die Passagiere werden eins
mit
den Heizern,
10 den Lokführern
und den Symbolen
der farbigen nächtlichen Signale.

Gewiss ist die Reise,
da die Strecke abgesucht und
15 das Ankunftsziel bestimmt ist.
Was können da schon
Tiere und
einsam bärtige Hasser
gegen das Aufrauschen der Räder,
20 Stangen,
Stahl,
gegen den anschwellenden Ton
der Sirene der Zuversicht?

Eine Schwelle zerreißen.
25 Einen Schaffner töten.
Ein Feuer zwischen den Gleisen
entzünden.
Das ist wenig.
Das ist alles.
30 Die Züge sind nicht mehr
aufzuhalten,
die Reise hat begonnen.

Es rollt.

Franz Kafka (1883–1924)
Aus: Die acht Oktavhefte

Wir sind, mit dem irdisch befleckten Auge gesehn, in der Situation von Eisenbahnreisenden, die in einem langen Tunnel verunglückt sind, und zwar an einer Stelle, wo man das Licht des Anfangs nicht mehr sieht, das Licht des Endes aber nur so winzig, dass der Blick es immerfort suchen muss und immerfort verliert, wobei Anfang und Ende nicht einmal sicher sind. Rings um uns aber haben wir in der Verwirrung der Sinne oder in der Höchstempfindlichkeit der Sinne lauter Ungeheuer und ein je nach der Laune und Verwundung des Einzelnen entzückendes oder ermüdendes kaleidoskopisches Spiel.

Was soll ich tun? oder: Wozu soll ich es tun? sind keine Fragen dieser Gegenden.   (1917)

Arbeitsanregungen

1. Formulieren Sie Vergleichskriterien für beide Texte und zeigen Sie Gemeinsamkeiten und Unterschiede auf.
2. ● Arbeiten Sie die parabelhafte Bedeutung beider Texte heraus
   ● Erläutern Sie, warum die Eisenbahn ein häufig gewähltes Element im Bildbereich von Parabeln ist. Sie können auch auf andere Texte in diesem Unterkapitel eingehen (▶ S. 66 ff.).
3. Arbeiten Sie Kafkas Text um in ein Gedicht in freien Rhythmen. Sie können dabei Teile weglassen oder ergänzen.

5.2 „Inzwischen bin ich viel zu viel gereist" – Auswanderung und Exil

Reisen basiert nicht immer auf Freiwilligkeit. Dass es im Deutschland des 19. Jahrhunderts eine nennenswerte Emigration nach Amerika gab, war durch politische Repression und ökonomische Not begründet. So lässt sich das Thema Auswanderung in einem weiteren Verständnis des Begriffs ebenso der Reiselyrik zuordnen wie die Flucht aus Nazideutschland, zusammengefasst unter dem Titel Exillyrik. Als Autoren sind hier insbesondere Bertolt Brecht, Hilde Domin oder Mascha Kaléko zu nennen.

Nikolaus Lenau (1802–1850)
Abschied (1832)

Lied eines Auswandernden[1]

Sei mir zum letzten Mal gegrüßt,
Mein Vaterland, das, feige dumm,
Die Ferse dem Despoten[2] küsst
Und seinem Wink gehorchet stumm.

5 Wohl schlief das Kind in deinem Arm;
Du gabst, was Knaben freuen kann;
Der Jüngling fand ein Liebchen warm;
Doch keine Freiheit fand der Mann.

Im Hochland streckt der Jäger sich
10 Zu Boden schnell, wenn Wildesschar
Heran sich stürzet fürchterlich;
Dann schnaubt vorüber die Gefahr:

Mein Vaterland, so sinkst du hin,
Rauscht deines Herrschers Tritt heran,
15 Und lässest ihn vorüberziehn
Und hältst den bangen Atem an. –

Fleug[3], Schiff, wie Wolken durch die Luft,
Hin, wo die Götterflamme[4] brennt!
Meer, spüle mir hinweg die Kluft,
20 Die von der Freiheit mich noch trennt.

Du neue Welt, du freie Welt,
An deren blütenreichem Strand
Die Flut der Tyrannei zerschellt,
Ich grüße dich, mein Vaterland!

Nikolaus Lenau (1802–1850)

1 Das Gedicht erschien 1832 mit dem Untertitel „Lied eines auswandernden Portugiesen".
2 **Despot:** tyrannischer Herrscher. Historisch ist Don Miguel gemeint, dessen absolutistische Regentschaft (1828–34) viele Portugiesen zur Emigration veranlasste.
Zwischen 1830 und 1840 wanderten 150 000 Menschen aus wirtschaftlichen und politischen Gründen aus dem alten Kontinent nach Amerika aus. Auch Lenau selbst wagte 1832 die Auswanderung, kehrte aber bereits ein Jahr später desillusioniert nach Deutschland zurück.
3 **Fleug:** Flieg!
4 **Götterflamme:** gemeint ist die amerikanische Freiheitsstatue

Arbeitsanregungen

1. Der Untertitel des Gedichts konkretisiert seinen Titel und kündigt das Thema „Auswanderung" an. Erläutern Sie die Gründe, die das lyrische Ich zur Auswanderung veranlassen.
2. Erläutern Sie, was sich der Sprecher von der „neue[n] Welt" (V. 21) verspricht.
3. Zeigen Sie in einer Sprachanalyse, wie die alte und die neue Heimat beschrieben werden.

Carl Zuckmayer (1896–1977)

Elegie[1] von Abschied und Wiederkehr (1939)

Ich weiß, ich werde alles wiedersehn,
Und es wird alles ganz verwandelt sein.
Ich werde durch erloschne Städte gehn,
Darin kein Stein mehr auf dem andern Stein –
5   Und selbst wo noch die alten Steine stehen,
Sind es nicht mehr die altvertrauten Gassen –
Ich weiß, ich werde alles wiedersehen
Und nichts mehr finden, was ich einst verlassen.

Der breite Strom wird noch zum Abend gleiten.
10 Auch wird der Wind noch durch die Weiden gehn,
Die unberührt in sinkenden Gezeiten
Die stumme Totenwacht am Ufer stehn.
Ein Schatten wird an unsrer Seite schreiten
Und tiefste Nacht um unsre Schläfen wehn –
15 Dann mag erschauernd in den Morgen reiten,
Wer lebend schon sein eignes Grab gesehn.

Ich weiß, ich werde zögernd wiederkehren,
Wenn kein Verlangen mehr die Schritte treibt.
Entseelt ist unsres Herzens Heimbegehren,
20 Und was wir brennend suchten, liegt entleibt.
Leid wird zu Flammen, die sich selbst verzehren,
Und nur ein kühler Flug von Asche bleibt –
Bis die Erinnrung über dunklen Meeren
Ihr ewig Zeichen in den Himmel schreibt.

Carl Zuckmayer (1896–1977)

1   **Elegie:** Klagegedicht
Zuckmayer emigrierte im Mai 1939 aus politischen Gründen in die USA, das Gedicht schrieb er noch im gleichen Jahr in Holly-
wood. 1946 kehrte er, inzwischen amerikanischer Staatsbürger, als Kulturbeauftragter der US-Regierung nach Europa zurück.

Arbeitsanregungen

1. Wie der Titel des Gedichts ankündigt, kreisen die Gedanken des lyrischen Sprechers um „Abschied" und
    „Wiederkehr":
    ● Stellen Sie fest, welche Betrachtungsperspektive er einnimmt.
    ● Erläutern Sie, wie er sich die verlassene Heimat und seine „Wiederkehr" vorstellt.
2. Analysieren Sie die sprachlich-formale Gestaltung des Gedichts und prüfen Sie, inwieweit diese einer
    Elegie entspricht.
3. Im Internet finden Sie professionelle Rezitationen des Gedichts. Diskutieren Sie, ob sie mit Ihren Erwar-
    tungen übereinstimmen.

Bertolt Brecht (1898–1956)

Die Landschaft des Exils[1] (1941–47)

Aber auch ich auf dem letzten Boot
Sah noch den Frohsinn des Frührots im Takelzeug[2]
Und der Delphine graulichte Leiber, tauchend
Aus der Japanischen See.
5 Und die Pferdewäglein mit dem Goldbeschlag
Und die rosa Armschleier der Matronen
In den Gassen des gezeichneten Manila
Sah auch der Flüchtling mit Freude.
Die Öltürme und dürstenden Gärten von Los Angeles
10 Und die abendlichen Schluchten Kaliforniens und die Obstmärkte
Ließen auch den Boten des Unglücks
Nicht kalt. Ⓡ

1 Im Dritten Reich ausgebürgert und verfolgt, geht Brecht 1939 nach Skandinavien ins Exil. 1941 verlässt er sein unsicher gewordenes finnisches Refugium und reist über Moskau nach Wladiwostok, von wo aus er mit dem Schiff nach Kalifornien übersetzt.
2 **Takelzeug:** Vorrichtungen, die die Segel eines Schiffes tragen, z. B. Masten, Taue

Arbeitsanregungen

1. Untersuchen Sie, wie das lyrische Ich die Überfahrt und sein Gastland Kalifornien erlebt und beschreibt.
2. Analysieren Sie die Korrespondenz zwischen Textinhalt und Textform.
3. „Immer fand ich den Namen falsch, den man uns gab: Emigranten. Das heißt doch Auswanderer. Aber wir wanderten doch nicht aus, nach freiem Entschluss […]. Sondern wir flohen. Vertriebene sind wir, Verbannte."
   Diskutieren Sie dieses Statement Brechts im Kontext des Gedichts.

Mascha Kaléko (1907–1975)

Post scriptum[1] (1946)

Anno Fünfundvierzig

Inzwischen bin ich viel zu viel gereist,
Zu Bahn, zu Schiff, bis über den Atlantik.
Doch was mich trieb, war nicht Entdeckergeist,
Und was ich suchte, keineswegs Romantik.

5 Das war einmal. In einem andern Leben.
Doch unterdessen, wie die Zeit verrinnt,
Hat sich auch biographisch was ergeben:
Nun hab ich selbst ein Emigrantenkind.

Das lernt das Wörtchen „alien" buchstabieren
10 Und spricht zur Mutter: „Don't speak German, dear."
Muss knapp acht Jahr' alt Diskussionen führen,
Daß er „allright" ist, wenn auch nicht von hier.

Grad wie das Flüchtlingskind beim Rektor May!
Wenn ich mir dies Dacapo[2] so betrachte ...
15 Er denkt, was ich in seinem Alter dachte:
Daß, wenn die Kriege aus sind, Frieden sei. Ⓡ

Mascha Kaléko (1907–1975)

1 „Post scriptum" ist ein Nachtrag bzw. eine Fortsetzung von Kalékos Gedichts „Interview mit mir selbst" aus dem Jahre 1932. 1907 im damaligen Galizien (Polen) geboren, siedelte die Autorin 1914 mit ihren Eltern nach Deutschland über, um den Pogromen in ihrer Heimat zu entgehen. Die Judenverfolgung in der NS-Zeit veranlasste sie, 1938 mit ihrer Familie Deutschland zu verlassen und in die USA zu emigrieren.
2 **Dacapo:** in der Musik Wiederholung vom Beginn an

Arbeitsanregungen

1. Das lyrische Ich in Kalékos Gedicht gibt dem Leser einen knappen Einblick in seine Biografie. Listen Sie die Informationen auf.
2. Erläutern Sie, wie das lyrische Ich sein Emigrantendasein erlebt. Klären Sie dabei, was mit „Frieden" (V. 16) gemeint ist.
3. Untersuchen Sie, was die sprachliche Gestaltung für den Inhalt leistet.

Hilde Domin (1909–2006)

Herbstzeitlosen[1] (1955)

Für uns, denen der Pfosten der Tür verbrannt ist,
an dem die Jahre der Kindheit
Zentimeter für Zentimeter
eingetragen waren.

5 Die wir keinen Baum
in unseren Garten pflanzten,
um den Stuhl
in seinen wachsenden Schatten zu stellen.

Die wir am Hügel niedersitzen,
10 als seien wir zu Hirten bestellt
der Wolkenschafe, die auf der blauen
Weide über den Ulmen dahinziehn.

Für uns, die stets unterwegs sind
– lebenslängliche Reise,
15 wie zwischen Planeten –
nach einem neuen Beginn.

Für uns
stehen die Herbstzeitlosen auf
in den braunen Wiesen des Sommers,
20 und der Wald füllt sich
mit Brombeeren und Hagebutten –

Damit wir in den Spiegel sehen
und es lernen,
unser Gesicht zu lesen,
25 in dem die Ankunft
sich langsam entblößt.[2]

Hilde Domin (1909–2006)

1 **Herbstzeitlose:** blassrosa bis violett blühende Wiesenpflanze
2 Um als Jüdin der drohenden Verfolgung durch die Nazis zu entgehen, verließ die Autorin 1932 Deutschland und gelangte nach etlichen Stationen 1940 in die Dominikanische Republik. Hier blieb sie 14 Jahre und gab sich den Namen Domin. 1954 kehrte sie nach Deutschland zurück. In dieser Zeit beginnt auch ihr schriftstellerisches Schaffen.

Arbeitsanregungen

1. Deuten Sie den Titel des Gedichts und formulieren Sie eine Überschrift, die sein Thema benennt.
2. Untersuchen Sie den Aufbau des Gedichts.
3. Erläutern Sie, was das Gedicht über den Sprecher zu erkennen gibt, und analysieren Sie dabei, wie die Textform den Inhalt zum Ausdruck bringt.

5.3 „Wie fremd und wunderlich das ist" – Die Reise als Lebensreise

Gedichte über das Reisen sind nicht selten Gedichte über das Leben als Reise und damit Sinnbild menschlicher Existenz. Bei der Reise wie im Leben gilt es, den richtigen Weg zu finden, beide kennen Höhen und Tiefen, der Reise- und auch der Lebensplan werden immer wieder von Zufall und Schicksal durchkreuzt, beide benutzen auch Umwege, nicht immer wird das Ziel erreicht. Vielleicht stimmt ja auch die Einsicht des Konfuzius (551–479): „Der Weg ist das Ziel" ...

C. F. Meyer (1825–1891)
Im Spätboot (1882)

Aus der Schiffsbank mach ich meinen Pfühl[1],
Endlich wird die heiße Stirne kühl!
O wie süß erkaltet mir das Herz!
O wie weich verstummen Lust und Schmerz!
5   Über mir des Rohres schwarzer Rauch
Wiegt und biegt sich in des Windes Hauch
Hüben hier und wieder drüben dort
Hält das Boot an manchem kleinen Port:
Bei der Schiffslaterne kargem Schein
10 Steigt ein Schatten aus und niemand ein.
Nur der Steurer noch, der wacht und steht!
Nur der Wind, der mir im Haare weht!
Schmerz und Lust erleiden sanften Tod:
Einen Schlummrer trägt das dunkle Boot.

1   **Pfühl:** Kissen, Polster

Arbeitsanregungen

1. Erklären Sie, in welcher Phase seiner Reise sich der lyrische Sprecher befindet und wie er sie erlebt und bewertet.
2. Analysieren Sie die sprachlich-formale Gestaltung des Gedichts und erläutern Sie ihre Funktion. Achten Sie dabei insbesondere auf die Entfaltung der Bootsmetaphorik.
3. Vergleichen Sie das Gedicht mit Morgensterns „Auf dem Strome" (▶ S. 77).

Gottfried Benn (1886–1956)
Wenn dir am Ende – (1939)

„Wenn dir am Ende der Reise
Erde und Wolke verrinnt,
sie nur noch Laute, leise,
vom Himmel gefallene sind,

5   und nur noch Farben, getönte
aus einem wechselnden Reich,
nicht bittere, nicht versöhnte,
Austausch alles und gleich,

wenn dir die Blicke nach oben
10 und dir die Blicke zu Tal
schweigend das Nämliche loben,
schweigend die nämliche Qual,

schließen sich die Gesichte[1]
über der lastenden Flut:
15 ach, die vielen Gewichte,
doch die Waage, sie ruht."

1   **Gesichte:** zeichenhafte Erscheinungen

Arbeitsanregungen

1. Das Gedicht stellt das „Ende der Reise" (V. 1) dar. Erklären Sie, was der lyrische Sprecher als Charakteristikum dieser Lebensphase ansieht.
2. Analysieren Sie die Funktion von Sprache und Form für den Inhalt des Gedichts.

Christian Morgenstern (1871–1914)
Auf dem Strome (1897)

Am Himmel der Wolken
erdunkelnder Kranz ...
Auf schauerndem Strome
metallischer Glanz ...
5 Die Wälder zu seiten
so finster und tot ...
Und in flüsterndem Gleiten
vorüber mein Boot ...

Ein Schrei aus der Ferne –
10 dann still wie zuvor ...
Wie weit sich von Menschen
mein Leben verlor! ...

Eine Welle läuft leise
schon lang nebenher,
15 sie denkt wohl, ich reise
hinunter zum Meer ...

Ja, ich reise, ich reise,
weiß selbst nicht, wohin ...
Immer weiter und weiter
20 verlockt mich mein Sinn ...
Schon kündet ein Schimmer
vom morgenden Rot –
und ich treibe noch immer
im flüsternden Boot.

Arbeitsanregungen

1. Untersuchen Sie, wie der lyrische Sprecher die Reise auf dem Strom erlebt. Welche Gedanken und Gefühle begleiten ihn dabei?
2. Zeigen Sie in einer Analyse, wie Sprache und Form die Situation und das innere Befinden des Sprechers zum Ausdruck bringen.

Hermann Hesse (1877–1962)
Landstreicherherberge (1901)

Wie fremd und wunderlich das ist,
Dass immerfort in jeder Nacht
Der leise Brunnen weiterfließt,
Vom Ahornschatten kühl bewacht,

5 Und immer wieder wie ein Duft
Der Mondschein auf den Giebeln liegt
Und durch die kühle, dunkle Luft
Die leichte Schar der Wolken fliegt!

Das alles steht und hat Bestand,
10 Wir aber ruhen eine Nacht
Und gehen weiter über Land,
Wird uns von niemand nachgedacht.

Und dann, vielleicht nach manchem Jahr,
Fällt uns im Traum der Brunnen ein
15 Und Tor und Giebel, wie es war
Und jetzt noch und noch lang wird sein.

Wie Heimatahnung glänzt es her
Und war doch nur zu kurzer Rast
Ein fremdes Dach dem fremden Gast,
20 Er weiß nicht Stadt, nicht Namen mehr.

Wie fremd und wunderlich das ist,
Dass immerfort in jeder Nacht
Der leise Brunnen weiterfließt,
Vom Ahornschatten kühl bewacht!

Arbeitsanregungen

1. Interpretieren Sie das Gedicht, indem Sie
   - seinen Aufbau beschreiben,
   - Schlüsselbegriffe bestimmen und erläutern,
   - erklären, wie der lyrische Sprecher die Herberge und die Natur erlebt und wie er seine eigene Situation bzw. die des Menschen generell einschätzt.
2. Vergleichen Sie das Gedicht mit Mascha Kalékos „Vagabundenspruch" (▶ S. 54).

Gertrud Kolmar (1894–1943)
Die Fahrende[1] (1933)

Alle Eisenbahnen dampfen in meine Hände,
Alle großen Häfen schaukeln Schiffe für mich,
Alle Wanderstraßen stürzen fort ins Gelände,
Nehmen Abschied hier; denn am andern Ende,
5 Fröhlich sie zu grüßen, lächelnd stehe ich.

Könnt ich einen Zipfel dieser Welt erst packen,
Fänd ich auch die drei andern, knotete das Tuch,
Hängt es auf einen Stecken, trügs an meinem Nacken,
Drin die Erdenkugel mit geröteten Backen,
10 Mit den braunen Kernen und Kalvillgeruch[2].

Schwere eherne Gitter rasseln fern meinen Namen,
Meine Schritte bespitzelt lauernd ein buckliges Haus;
Weit verirrte Bilder kehren rück in den Rahmen,
Und des Blinden Sehnsucht und die Wünsche des Lahmen
15 Schöpft mein Reisebecher, trinke ich durstig aus.

Nackte, kämpfende Arme pflüg ich durch tiefe Seen,
In mein leuchtendes Auge zieh ich den Himmel ein.
Irgendwann wird es Zeit, still am Weiser zu stehen,
Schmalen Vorrat zu sichten, zögernd heimzugehen,
20 Nichts als Sand in den Schuhen Kommender zu sein.

1 Die Autorin wird als Gertrud Chodziesner 1894 in Berlin geboren. Als Künstlernamen wählt sie den Namen Kolmar (deutsche Bezeichnung für Chodziesen, den Herkunftsort ihrer Vorfahren). Von Reisen und einigen Studienwochen in Frankreich abgesehen, verbringt sie fast ihr ganzes Leben im elterlichen Haushalt. Als 1930 die Mutter stirbt, versorgt sie den Haushalt des Vaters, der als angesehener Strafverteidiger arbeitet. Aufgrund ihrer jüdischen Herkunft sind Vater und Tochter in der NS-Zeit der Verfolgung ausgesetzt; Gertrud Kolmar stirbt 1943 im KZ Auschwitz.
2 **Kalvill:** erlesene Apfelsorte

Thomas Cole:
Die Lebensreise: Jugend (1842)

Arbeitsanregungen

1. Formulieren Sie zu jeder Strophe eine den Inhalt kennzeichnende Überschrift.
2. Beschreiben und erläutern Sie die Gedanken und Gefühle des lyrischen Ichs.
3. Zeigen Sie in einer Analyse, wie die Situation und das innere Befinden des lyrischen Ichs sprachlich gestaltet werden.
4. Beziehen Sie das Gemälde auf ein Gedicht Ihrer Wahl aus dem Themenkreis.

5.4 „*Ich* gehe morgen nach Kamerun" – Satirisches

Satirische und humoristische Gedichte vermitteln kritische Gedanken zum Reisen in indirekter Weise, durch Formen uneigentlichen Sprechens (▶ S. 36). Aufgespießt werden beispielsweise das ignorante Bestreben, im Fremden lediglich das Gewohnte wiederzufinden, die unreflektierte Verabsolutierung von Bekanntem oder Neuem oder auch der Versuch, eine bloße Flucht als bedeutungsvolle Erfahrung auszugeben.

Wichtige Autoren satirischer Gedichte sind z. B. Heinrich Heine, Kurt Tucholsky, Erich Kästner, Christian Morgenstern, Joachim Ringelnatz und Eugen Roth.

Heinrich Heine (1797–1856)
Wandere! (1844)

Wenn dich ein Weib verraten hat,
So liebe flink eine andre;
Noch besser wär es, du ließest die Stadt –
Schnüre den Ranzen und wandre!

5 Du findest bald einen blauen See,
Umringt von Trauerweiden;
Hier weinst du aus dein kleines Weh
Und deine engen Leiden.

Wenn du den steilen Berg ersteigst,
10 Wirst du beträchtlich ächzen;
Doch wenn du den felsigen Gipfel erreichst,
Hörst du die Adler krächzen.

Dort wirst du selbst ein Adler fast,
Du bist wie neugeboren,
15 Du fühlst dich frei, du fühlst du hast
Dort unten nicht viel verloren.

Arbeitsanregungen

1. Wie beurteilen Sie den Rat zu wandern? Diskutieren Sie Ihre Bewertungen.
2. Untersuchen Sie die sprachliche Gestaltung des Gedichts und erläutern Sie ihre intendierte Wirkung.

Herbst

Karikatur:
Deutscher Michel
(1848)

August Heinrich Hoffmann von Fallersleben (1798–1874)
Michel-Enthusiast[1] (1845)

Es wächst der Mensch
mit seinen höhern Zwecken. (Schiller)

Es reist so mancher Philister[2]
Ins Land Italia,
Auf dass er nachher sich rühme:
Auf Ehr, auch ich war da!

5 Zwar hat er des Ärgers nicht wenig
Und manchen großen Verdruss,
Und teuer muss er erkaufen
Den hochgepriesnen Genuss.

Doch nur ein deutscher Philister,
10 Der achtet nicht Hitz und Durst,
Nicht Maut und Passbeschwernis,
Es ist ihm alles Wurst.

Trotz glühendem Scirocco,[3]
Trotz drückendem Sonnenschein
15 Spaziert er zu allen Ruinen,
Zu allen Villen hinein.

1 **Michel:** karikierende Personifikation des Deutschen, Darstellung oft mit Schlafmütze und einfältigen Gesichtszügen
Enthusiast: Begeisterter, oft: Kunstbegeisterter
2 **Philister:** Spießbürger ohne Kunstverständnis
3 **Scirocco:** heißer Wüstenwind, von der Sahara Richtung Mittelmeer wehend

Er geht in alle Kirchen,
In alle Galerien
Und lässt sich vom Servidore[4]
20 Wie ein Bär am Seile ziehn.

Noch spät am Abend besteigt er
Ganz müde die steilsten Höhn
Und spricht, vom Schweiße triefend:
Italien ist doch schön!

4 **Servidore:** Fremdenführer

Arbeitsanregungen

1. Charakterisieren Sie den Reisenden in Hoffmann von Fallerslebens Gedicht (▶ S. 79 f.) und untersuchen Sie, wie seine Reise verläuft. Berücksichtigen Sie auch den Titel des Gedichts.
2. Analysieren Sie die sprachliche Gestaltung des Gedichts und erläutern Sie ihre Wirkung.
3. Erklären Sie das Schiller-Zitat und seine Funktion.
4. Vergleichen Sie das Gedicht mit Goethes „Kennst du das Land …" (▶ S. 22) und Tiecks „Erster Anblick von Rom" (▶ S. 31 f.).

Theodor Fontane (1819–1898)
Afrikareisender (1895)

„… Meine Herren, was soll dieser ganze Zwist,
Ob der Kongo gesund oder ungesund ist?
Ich habe drei Jahre, von Krankheit verschont,
Am grünen und schwarzen Graben gewohnt,
5 Ich habe das Prachtstück unsrer Gossen,
Die Panke[1], dicht an der Mündung genossen
Und wohne nun schon im fünften Quartal
Noch immer lebendig am Kanal.
Hier oder da, nah oder fern
10 Macht keinen Unterschied, meine Herrn,
Und ob *Sie's* lassen oder tun,
Ich gehe morgen nach Kamerun[2]."

Arbeitsanregungen

1. Erläutern Sie die Kommunikationssituation in Fontanes Gedicht und versuchen Sie dabei, das unvermittelt beginnende Gedicht in einen Zusammenhang zu stellen.
2. Worum geht es in dem Gedicht inhaltlich? Kann es als Satire gelten? Erklären Sie.

1 **Panke:** Nebenfluss der Spree
2 **Kamerun:** zentralafrikanisches Land, von 1884 bis 1918 deutsche Kolonie

Joachim Ringelnatz (1883–1934)
Die neuen Fernen (1931)

In der Stratosphäre,
Links vom Eingang, führt ein Gang
(Wenn er nicht verschüttet wäre)
Sieben Kilometer lang
5 Bis ins Ungefähre.

Dort erkennt man weit und breit
Nichts. Denn dort herrscht Dunkelheit.
Wenn man da die Augen schließt
Und sich langsam selbst erschießt,
10 Dann erinnert man sich gern
An den deutschen Abendstern[1].

1 **Abendstern:** volkstümliche Bezeichnung für den hellsten Stern am Abendhimmel, meist der Planet Venus

Joachim Ringelnatz (1883–1934)

Joachim Ringelnatz (1883–1934)
Die Ameisen (1912)

In Hamburg lebten zwei Ameisen,
Die wollten nach Australien reisen.
Bei Altona auf der Chaussee,
Da taten ihnen die Beinchen weh,
5 Und da verzichteten sie weise
Dann auf den letzten Teil der Reise.

Christian Morgenstern (1871–1914)
Das Böhmische Dorf (1932)

Palmström reist, mit einem Herrn v. Korf,
in ein so genanntes Böhmisches Dorf.[1]

Unverständlich bleibt ihm alles dort,
von dem ersten bis zum letzten Wort.

5 Auch v. Korf (der nur des Reimes wegen
ihn begleitet) ist um Rat verlegen.

Doch just dieses macht ihn blass vor Glück.
Tief entzückt kehrt unser Freund zurück.

Und er schreibt in seine Wochenchronik:
10 Wieder ein Erlebnis, voll von Honig!

1 **böhmisches Dorf:** Ausdruck für etwas Unverständliches

Arbeitsanregungen

1. Formulieren Sie jeweils Thema und Aussage der Gedichte von Ringelnatz und Morgenstern.
2. Analysieren Sie ihre satirische Machart.

Eugen Roth (1895–1976)
Nach der Reise (1973)

Nach wochenlangem Weltdurchschweifen
Bräucht manches Zeit, um nachzureifen.
Was, grün gepflückt vom Urlaub-Baum,
Getrieben hat die Blüten kaum,
5 Geschweige denn die süße Frucht.
Doch in des Jahres rascher Flucht
Verwelkt der Reise frisches Reis –
Vergebens legst du es aufs Eis,
Begießt es mit Erinnerung –
10 Im Alltag wird's nicht wieder jung.
Du machst verzweifelte Versuche,
Aus deinem Reisetagebuche
Noch köstlichen Gewinn zu ziehn. –
Die Tage, Wochen, Monde fliehn.

15 Hast du nicht Bilder auch gemacht
Und schwarz auf weiß nach Haus gebracht,
Ja, selbst in Farben bunt getaucht,
Was man nur zu entwickeln braucht?
Du schwörst, die längst zu viel gewordnen
20 Aufnahmen demnächst schön zu ordnen –
Jedoch du findest keine Ruh:
Schon treibst du neuen Reisen zu!
Ein Umbruch kommt, ein Krieg dazwischen,
Die Einzelheiten sich verwischen –
25 Als letzten Rest wirst du bewahren:
„Da war ich auch – vor dreißig Jahren!"

Arbeitsanregungen

1. Das lyrische Ich spricht über den Umgang mit Reiseerinnerungen.
   Fassen Sie seine Erfahrungen zusammen und erläutern Sie sein Fazit.
2. Zeigen Sie in einer Sprachanalyse, wie der Inhalt des Gedichts zum Ausdruck kommt.
3. Schreiben Sie zum Thema „Reisen" ein satirisches Gedicht.

Erich Kästner (1899–1974)

Im Auto über Land (1958)

An besonders schönen Tagen
Ist der Himmel sozusagen
Wie aus blauem Porzellan.
Und die Federwolken gleichen
5 Weißen, zart getuschten Zeichen,
Wie wir sie auf Schalen sahn.

Alle Welt fühlt sich gehoben,
Blinzelt glücklich schräg nach oben
Und bewundert die Natur.
10 Vater ruft, direkt verwegen:
„'n Wetter, glatt zum Eierlegen!"
(Na, er renommiert wohl nur.)

Und er steuert ohne Fehler
Über Hügel und durch Täler.
15 Tante Paula wird es schlecht.
Doch die übrige Verwandtschaft
Blickt begeistert in die Landschaft.
Und der Landschaft ist es recht.

Um den Kopf weht eine Brise
20 Von besonnter Luft und Wiese,
Dividiert durch viel Benzin.
Onkel Theobald berichtet,
Was er alles sieht und sichtet.
Doch man sieht's auch ohne ihn.

25 Den Gesang nach Kräften pflegend
Und sich rhythmisch fortbewegend,
Strömt die Menschheit durchs Revier.
Immer rascher jagt der Wagen.
Und wir hören Vatern sagen:
30 „Dauernd Wald und nirgends Bier."

Aber schließlich hilft sein Suchen.
Er kriegt Bier. Wir kriegen Kuchen.
Und das Auto ruht sich aus.
Tante schimpft auf die Gehälter.
35 Und allmählich wird es kälter.
Und dann fahren wir nach Haus.

Fernand Léger:
Die Landpartie (1951)

Arbeitsanregungen

1. Beschreiben Sie, wie der Ausflug übers Land verläuft, und untersuchen Sie, wie er von den Beteiligten erlebt wird.
2. Wie wirkt das Gedicht auf Sie? Analysieren Sie, wodurch diese Wirkung erzeugt wird.
3. Schreiben Sie ein Gedicht zum Thema „Reisen".
   Versuchen Sie dabei, eine dem Gedicht Kästners ähnliche Wirkung zu erzielen.
4. Recherchieren Sie im Internet Umsetzungen zu Kästners Gedicht (Vertonung, Videoclip …).
   Bewerten Sie diese und lassen Sie sich zu eigenen Produktionen anregen.

C Projektvorschlag: Lyrik mit Musik und Bild

„Es bleibt dabei: Die Zeitfolge ist das Gebiete des Dichters, so wie der Raum das Gebiete des Malers.

Zwei notwendig entfernte Zeitpunkte in ein und eben dasselbe Gemälde bringen, [...] heißt ein Eingriff des Malers in das Gebiete des Dichters, den der gute Geschmack nie billigen wird.

Mehrere Teile oder Dinge, die ich notwendig in der Natur auf einmal übersehen muss, wenn sie ein Ganzes hervorbringen sollen, dem Leser nach und nach zuzählen, um ihm dadurch ein Bild von dem Ganzen machen zu wollen: heißt ein Eingriff des Dichters in das Gebiete des Malers, wobei der Dichter viel Imagination ohne allen Nutzen verschwendet."

(Aus: Gotthold Ephraim Lessing: Laokoon oder über die Grenzen der Malerei und Poesie)

Sänger mit Lyra (Griechenland, 8. Jh. v. Chr.)

Werke der bildenden Kunst wie zum Beispiel ein Gemälde oder eine Skulptur sind für Lessing also statisch, sie haben keinen Zeitverlauf. Der Literatur hingegen ist ein Ablauf eingeschrieben, sie wird erst zum Leben erweckt, wenn das Auge von Zeile zu Zeile wandert oder die Stimme die Zeichen sukzessive umsetzt und damit eine Abfolge von Eindrücken und Gedanken erzeugt.

Damit steht Literatur zwischen bildender Kunst und Musik, denn Letztere duldet kein Verweilen: Wenn man Musik anhält, ist sie nicht mehr existent. Musik ist rein dynamisch.

Der Projektvorschlag in diesem Kapitel geht von Lessings Unterscheidung aus und versucht, die drei Künste zu vereinen. Hierfür bietet sich die Lyrik besonders an, weil sie zugleich durch ihre Klanglichkeit und durch ihre Bildlichkeit gekennzeichnet ist: Sie klingt durch ihre Verse – ob gereimt oder ungereimt, ob metrisch gebunden oder in freien Rhythmen – und sie weckt im Leser / in der Leserin Bilder. So kommt denn auch die Gattungsbezeichnung „Lyrik" von „Lyra", einem antiken Saiteninstrument, das im alten Griechenland ein Symbol der Dichtkunst war.

Durch ihre Klanglichkeit und Bildlichkeit können Gedichte eine starke emotionale Wirkung entfalten und eine Fülle von Assoziationen hervorrufen. Das intuitive Verständnis eines Gedichts lässt sich besonders gut in einer gestaltenden Umsetzung ausdrücken. Es bietet sich an, hier auch die verwandten Künste – Musik und bildende Kunst – heranzuziehen.

Gedichte fordern einen solchen zugleich intuitiven und konzentrierten, aufmerksamen Zugang. Eine einfache „Sinnentnahme" geht meist am Text vorbei. Hans Magnus Enzensberger hat dies im Zusammenhang mit einer Würdigung der Gedichte von Nelly Sachs einmal folgendermaßen ausgedrückt:

„Dass sie schwierig sei, pflegt man der modernen Poesie insgesamt und gleichsam unbesehen nachzusagen, und zwar gern im Ton des Vorwurfs, als läge es nur an den Autoren, ein wenig entgegenkommender sich auszudrücken. Darüber wird leicht vergessen, wo die Schwierigkeit liegt. [...] Da kommt Interpretation leicht zu früh. Das Werk fordert vom Leser weniger Scharfsinn als Bescheidenheit; es will nicht dingfest gemacht, nicht übersetzt sein, sondern geduldig und genau erfahren werden."

Die folgenden Arbeitsanregungen zielen auf ein solches genaues Erfahren – und auf den Ausdruck dieser Erfahrung.

Wilhelm Müller (1794–1827)
Der Lindenbaum (1823)

Am Brunnen vor dem Tore,
Da steht ein Lindenbaum:
Ich träumt' in seinem Schatten
So manchen süßen Traum.

5 Ich schnitt in seine Rinde
So manches liebe Wort;
Es zog in Freud und Leide
Zu ihm·mich immer fort.

Ich musst' auch heute wandern
10 Vorbei in tiefer Nacht,
Da hab ich noch im Dunkel
Die Augen zugemacht.

Und seine Zweige rauschten,
Als riefen sie mir zu:
15 Komm her zu mir, Geselle,
Hier find'st du deine Ruh!

Die kalten Winde bliesen
Mir grad ins Angesicht,
Der Hut flog mir vom Kopfe,
20 Ich wendete mich nicht.

Nun bin in manche Stunde
Entfernt von jenem Ort,
Und immer hör ich's rauschen:
Du fändest Ruhe dort!

Caspar David Friedrich: Das Eismeer (1823/24)

Arbeitsanregungen

1. Lesen Sie das Gedicht von Wilhelm Müller (▶ S. 84) mehrmals. Erschließen Sie seine Stimmung.
2. Wählen Sie ein Musikstück oder erstellen Sie eine musikalische Collage, mit der Sie Ihren Gedichtvortrag kombinieren können.
3. ● Betrachten Sie C. D. Friedrichs Gemälde „Das Eismeer" (▶ S. 84) einige Minuten lang. Beschreiben Sie, wie das Bild auf Sie wirkt. Stellen Sie Fragen an das Bild.
   ● Sammeln Sie Informationen zu dem Gemälde, z. B. bei Wikipedia.
   ● Stellen Sie eine Beziehung her zu dem Gedicht von Müller.
4. Erarbeiten Sie einen Gedichtvortrag und integrieren Sie das Bild- und Tonmaterial.
   Tipp: Vortrag, Bild und Musik müssen nicht simultan, sondern können auch zeitversetzt angeordnet werden.
5. Geben Sie dem Publikum Gelegenheit, sich zur Wirkung Ihres Vortrags zu äußern. Erläutern Sie Ihre Präsentation (Art des Vortrags, Kombination mit Musik und Bild, Verständnis des Gedichts).
6. Wählen Sie für eine Präsentation eines der beiden Gedichte auf dieser Seite oder ein Gedicht aus diesem Band, z. B. Hilde Domin: „Ziehende Landschaft" (▶ S. 54) oder Ingeborg Bachmann: „Wenn einer fortgeht … ." (▶ S. 56). Recherchieren oder erstellen Sie geeignetes Bildmaterial. Verfahren Sie analog zu den Aufgaben 1 bis 5.

Else Lasker-Schüler (1869–1945)
Mein Wanderlied (1911)

Zwölf Morgenhellen weit
Verschallt der Geist der Mitternacht,
Und meine Lippen haben ausgedacht
In stolzer Linie mit der Ewigkeit.

5 Torabwärts schreitet das Verflossene,
Indes sich meine Seele in dem Glanz der Lösung bricht,
Ihr tausendheißes, weißes Licht
Scheint mir voran ins Ungegossene.

Und ich wachse über all Erinnern weit –
10 So ferne Musik – und zwischen Kampf und Frieden
Steigen meine Blicke, Pyramiden,
Und sind die Ziele hinter aller Zeit.

Günter Kunert (*1929)
Reisegedicht (1986)

Am Ende unserer Fahrten
kommen wir immer zur Küste
wo wir Platz nehmen
die Beine ausstrecken
5 den Rücken dem Kontinent zugekehrt
und blicken aufs Meer
zufrieden bis zur Verzweiflung
über die leere Fläche

Lösungen zu einzelnen Aufgaben

S. 53, Arbeitsanregung 1:
Der letzte Vers des Gedichtes lautet:
Der Tod ist uns sicher.

S. 64, Arbeitsanregung 2:
Die Bildunterschrift zu Horst Haitzingers Karikatur lautet: „Ich glaub, die letzten Zeilen von meinem Osterspaziergang sind Mist, Eckermann!"

Textquellenverzeichnis

Bachmann, Ingeborg: Aus: Lieder von einer Insel, S. 56. Aus: Gedichte, Erzählungen, Hörspiel, Essays. Sonderausgabe Bücher der Neunzehn, Band III. Piper, München 1964, S. 49

Benn, Gottfried: Reisen, S. 7. Aus: Gesammelte Werke, Bd. III, Gedichte, hg. v. Dieter Wellershoff. Klett-Cotta, Stuttgart 1996, S. 327 / D-Zug, S. 46. Aus: ebd., S. 27 / Wenn dir am Ende –, S. 76. Aus: ebd., S. 432

Biermann, Wolf: Und als wir ans Ufer kamen, S. 61. Aus: Preußischer Ikarus. Lieder/Balladen/Gedichte/Prosa. Kiepenheuer & Witsch, Köln 1978, S. 71 / Der Riss, der durch uns geht, S. 61. Aus: DIE WELT, 27.01.2001

Born, Nicolas: Im Zug Athen – Patras, S. 68: Aus: Gedichte 1967–1978. Rowohlt, Reinbek 1981, S. 79

Brecht, Bertolt: Das Schiff, S. 50. Aus: Bertolt Brecht, Hauspostille. Suhrkamp, Frankfurt a. M. 1969, S. 17 f. / Lied der Starenschwärme, S. 53. Aus: Bertolt Brechts Gedichte und Lieder (Svendborger Gedichte). Bibliothek Suhrkamp, Bd. 33, Berlin/Frankfurt a. M. 1979, S. 147 / Radwechsel, S. 55: Gesamtausgabe der Gedichte, Band 7, 1947–1956. Suhrkamp, Frankfurt a. M. 1964, S. 7 / Die Landschaften des Exils. Aus: Werkausgabe Bd. 10, Gedichte 3. Edition Suhrkamp, Frankfurt a. M. 1977, S. 830 f.

Brentano, Clemens: In der Fremde, S. 32. Aus: Sämtliche Werke und Briefe. Historisch-kritische Ausgabe, Bd. 17, hg. v. J. Behrens u. a. Kohlhammer, Berlin 1983, S. 128 f.

Britting, Georg: Bei den Tempeln von Paestum, S. 65. Aus: Italien. Eine Reise in Gedichten, hg. von Dietrich Bode. Reclam, Stuttgart 2004, S. 95 f.

Busch, Wilhelm: Reisegedanken, S. 34. Aus: Hugo Hartung: Mit Dichtern reisen: „Reise-Winke von Goethe bis Kafka". Süddeutscher Verlag, München 1964, S. 69

Carossa, Hans: Der Eisenwagen rollt, S. 68. Aus: Gesammelte Werke, Band 1. Insel, Wiesbaden 1949, S. 13

Delius, Friedrich Christian: Lieder eines fahrenden Gesellen, S. 59. Aus: Selbstporträt mit Luftbrücke. Ausgewählte Gedichte. Rowohlt, Berlin 1993, S. 85

Domin, Hilde: Ziehende Landschaft, S. 54. Aus: Nur eine Rose als Stütze. Fischer, Frankfurt a. M. 1959, S. 9 / Tokaidoexpress, S. 70. Aus: Gesammelte Gedichte. S. Fischer, Frankfurt 1987, S. 349 / Herbstzeitlosen, S. 75. Aus: Gesammelte Gedichte. S. Fischer, Frankfurt a. M. 1987, S. 17

Eichendorff, Joseph v.: Die zwei Gesellen, S. 7. Aus: Werke und Schriften Bd. 1: Gedichte, Epen, Dramen, hg. v. G. Baumann. Cotta, Stuttgart 1953 / Abschied, S. 28. Aus: ebd. / Frische Fahrt, S. 29. Aus: ebd. / Sehnsucht, S. 30. Aus: ebd. / Meeresstille, S. 31. Aus: ebd. / Der Jäger Abschied, S. 60. Aus: Werke in einem Band. Hanser, München, Wien 1996, S. 125 f.

Enzensberger, Hans Magnus: Paxe, S. 64. Aus: Die Geschichte der Wolken. 99 Meditationen. Suhrkamp, Frankfurt a. M. 2003, S. 68 f. / Kleiner Abgesang auf die Mobilität, S. 65. Aus: ebd., S. 72 / Dass sie schwierig sei ..., S. 83. Aus: Nachwort zu: Nelly Sachs, Ausgewählte Gedichte. Suhrkamp, Frankfurt a. M. 1963, S. 86

Fels, Ludwig: Fluchtweg, S. 62. Aus: Der Anfang der Vergangenheit. Gedichte. Piper, München, Zürich 1984, S. 94

Fontane, Theodor: Unterwegs und wieder daheim, S. 40. Nach: DB Sonderband: Die digitale Bibliothek der deutschen Lyrik, S. 17503 / Fontane: Afrikareisender, S. 80. Aus: Gedichte (Ausgabe 1898). DB Sonderband: Die digitale Bibliothek der deutschen Lyrik, S. 17555

Fritz, Walter Helmut: Widerspruch, S. 62. Aus: Gesammelte Gedichte 1979–1994. Hoffmann und Campe, Hamburg 1994, S. 106

Goethe, Johann Wolfgang: An Schwager Kronos, S. 17. Aus: Hamburger Ausgabe, hg. von Erich Trunz. Wegner, Hamburg 1969, Bd. 1, S. 47 / Seefahrt, S. 18. Aus: ebd. Bd. 1, S. 49 / Harzreise im Winter, S. 19. Aus: ebd. Bd. 1, S. 50 / Meeresstille, S. 21. Aus: ebd. Bd. 1, S. 242 / Glückliche Fahrt, S. 21. Aus: ebd. Bd. 1, S. 242 / Kennst du das Land ..., S. 22. Aus: Wilhelm Meisters Lehrjahre, ebd. Bd. 7, S. 145 / Wanderlied, S. 23. Aus: Wilhelm Meisters Wanderjahre, ebd. Bd. 8, S. 317 f.

Grillparzer, Franz: In der Fremde, S. 38. Aus: Gedichte. Edition Holzinger, Berlin 2015, S. 278

Hahn, Ulla: Auf Erden, S. 63. Aus: Freudenfeuer. DVA, Stuttgart 1985, S. 96

Hebbel, Friedrich: Dort bläht ein Schiff die Segel, S. 35. Aus: Anton G. Leitner, Gabriele Trinckler (Hg.): Gedichte für Reisende. dtv, München 2015, S. 40

Heine, Heinrich: Die Harzreise, Prolog, S. 36. Aus: Werke, hg. von Martin Greiner. Kiepenheuer & Witsch, Köln, Berlin o. J., Band 1, S. 768 / Lyrisches Intermezzo, S. 36. Aus: ebd. Band 1, S. 64 f. / Wo wird einst ..., S. 38. Aus: B. Kortländer (Hg.): Gedichte von Heinrich Heine. Reclam, Stuttgart 1995, S. 167 / Wandere!, S. 79. Aus: Neue Gedichte, hg. v. B. Kortländer. Reclam, Stuttgart 1996, S. 121 f.

Hesse, Hermann: Landstreicherherberge, S. 77. Aus: Gesammelte Werke 1. Gedichte, Frühe Prosa. Werkausgabe edition suhrkamp, Frankfurt a. M. 1970, S. 19 f.

Heym, Georg: Die Dampfer auf der Havel, S. 44. Aus: Gedichte. Eine Auswahl, hg. v. G. Martens. Reclam, Stuttgart 2008, S. 6 / Columbus, S. 45. http://gutenberg.spiegel.de/buch/gedichte-2980/61 [Stand: 19.12.2017] / Vorortbahnhof, S. 48. Aus: Gedichte. Eine Auswahl, hg. v. G. Martens. Reclam, Stuttgart 2008, S. 8

Hoffmann von Fallersleben, August Heinrich: Michel-Enthusiast, S. 79. Aus: Gesammelte Werke, hg. v. H. Gerstenberg. Fontane, Berlin, S. 1890 ff.

Hofmannsthal, Hugo v.: Reiselied, S. 43. Aus: Sämtliche Werke, hg. v. R. Hirsch u. a., Bd. 1, Gedichte 1, S. Fischer, Frankfurt a. M. 1984, S. 84

Hölderlin, Friedrich: Der Neckar, S. 26. Aus: Gedichte. Eine Auswahl, hg. v. G. Kurz. Reclam, Stuttgart 2016, S. 37

Kafka, Franz: Wir sind [...] in der Situation von Eisenbahnreisenden, S. 71. Aus: Die acht Oktavhefte. Drittes Oktavheft, 20. Oktober 1917. In: Das Werk. Romane und Erzählungen. Zweitausendeins, Frankfurt a. M., S. 651

Kaléko, Mascha: Auf Reisen, S. 52. Aus: In meinen Träumen läutet es Sturm. Gedichte und Epigramme aus dem Nachlass. dtv, München 2002, S. 56 / Vagabundenspruch, S. 54. Aus: ebd., S. 135 / Post scriptum, S. 74. Aus: Die paar leuchtenden Jahre. dtv, München 2006, S. 64

Karsunke, Yaak: Matti wechselt das rad, S. 55. Aus: reden & ausreden. Gedichte. Wagenbach, Berlin 1969, S. 26

Kaschnitz, Marie Luise: Aus: Wohin denn ich ... Aus: Wohin denn ich: Aufzeichnungen. Claassen, Hamburg 1963, S. 64 ff.

Kästner, Erich: Das Eisenbahngleichnis, S. 66: Aus: Werke, Band 1: Zeitgenossen, haufenweise. Gedichte. dtv, München 2004, S. 209 f. / Im Auto über Land, S. 82. Aus: Werke Bd. 1, Gedichte: Zeitgenossen, haufenweise. Hg. v. H. Hartung. dtv, München 2004, S. 255 f.

Kerner, Justinus: Im Eisenbahnhofe, S. 39. Aus: Sämtliche poetische Werke, hg. v. J. Gaismaier. Hesse, Leipzig o. J., S. 251

Kirsch, Sarah: Fluchtpunkt, S. 62. Aus: Erdreich. DVA, Stuttgart 1982, S. 28 / Fahrt II, S. 69. Aus: Landaufenthalt. Aufbau, Berlin/Weimar 1967, S. 6 f.

Kirsten, Wulf: ausflug, S. 60. Aus: Günter Kunert, Vor der Sintflut. Hanser, München 1985, S. 86

Kolmar, Gertrud: Die Fahrende, S. 78. Aus: Gedichte. Hg. v. Ulla Hahn. Suhrkamp, Frankfurt 1983; zit. nach: Ulla Hahn (Hg.), Gedichte fürs Gedächtnis. DVA, Stuttgart, S. 273

Krolow, Karl: Vorbereitung einer Reise, S. 56. Aus: Gesammelte Gedichte. Suhrkamp, Frankfurt a. M. 1965, S. 181

Kunert, Günter: Genug gereist, S. 65. Aus: Fortgesetztes Vermächtnis. Hanser, München 2014, S. 100 / Lass uns reisen. S. 66. Aus: Der ungebetene Gast. Aufbau, Berlin und Weimar 1965, S. 41 / Wir sind unterwegs, S. 71. Aus: Wegschilder und Mauerinschriften. Aufbau, Berlin 1950, S. 40 f. / Reisegedicht, S. 85. Aus: Berlin beizeiten. Fischer Taschenbuch, 1989, S. 86

Lasker-Schüler, Else: Mein Wanderlied, S. 85. Aus: Helles Schlafen – dunkles Wachen. Sonderreihe dtv sr 1 (dort aus: E. L.-S.: Meine Wunder). dtv, München 1962, S. 60

Lenau, Nikolaus: Der Maskenball, S. 35. Aus: Lenaus Werke in einem Band. Hg. v. den nationalen Forschungs- und Gedenkstätten der klassischen deutschen Literatur in Weimar. Aufbau, Berlin und Weimar 1981, S. 82 f. / Abschied, S. 72. Aus: Sämtliche Werke und Briefe, Bd. 1: Gedichte. Hg. v. E. Castle. Insel, Leipzig 1910

Lessing, Gotthold Ephraim: Es bleibt dabei ..., S. 83. Aus: Werke. Kunsttheoretische und kunsthistorische Schriften. 1. Teil, XVIII, Lizenzausgabe 1996 für die Wissenschaftliche Buchgesellschaft Darmstadt, Band 6. Hanser, München 1974, S. 116

Liliencron, Detlev v.: Der Blitzzug, S. 67. Aus: Bunte Beute. Gedichte. Reclam, Stuttgart 1997, S. 108 f.

Loerke, Oskar: Hinter dem Horizont, S. 49. Aus: Moderne deutsche Naturlyrik, hg. von Edgar Marsch. Reclam, Stuttgart 1980, S. 22

Meyer, Conrad Ferdinand: Im Spätboot, S. 76. Aus: Sämtliche Werke, Bd. 1, hg. v. H. Zeller. Benteli, Bern 1963

Morgenstern, Christian: Auf dem Strome, S. 77. Aus: Gesammelte Werke. Ex libris, Zürich 1973, S. 47 f. / Das böhmische Dorf, S. 81. Aus: ebd., S. 241

Mörike Eduard: Fußreise, S. 37. Aus: Werke. Wunderlich Verlag Hermann Leins, Stuttgart und Tübingen 1949, S. 27 f.

Mucke, Dieter: Reiseeindruck, S. 57. Aus: Vor meinen Augen, hinter sieben Bergen. Gedichte vom Reisen. Edition Neue Texte. Aufbau, Berlin und Weimar 1977, S. 186

Müller, Wilhelm: Der Lindenbaum, S. 84. Aus: Die Winterreise. Mit Zeichnungen von Ludwig Richter. Diogenes, Zürich 2001, S. 18 f.

Nietzsche, Friedrich: Im Süden, S. 42. Aus: Eine Reise in Gedichten, hg. von Dietrich Bode. Reclam, Stuttgart 2016, S. 17 f. / Der neue Columbus, S. 43. http://www.versalia.de/archiv/Nietzsche/Der_neue_Columbus.238.html [Stand: 19.12.2017] / Vereinsamt, S. 63. Aus: Kritische Studienausgabe, Band 11, hg. von Giorgio Colli, Mazzino Montinari. De Gruyter, München 1988, S. 329

Platen, August Graf v.: O wonnigliche Reiselust ..., S. 34. Aus: Gesammelte Werke des Grafen August von Platen in einem Band. Cotta'scher Verlag, Stuttgart und Tübingen 1839. Auszug aus: Die verhängnisvolle Gabel, S. 269

Rilke, Rainer Maria: Spätherbst in Venedig, S. 44. Aus: Werke, hg. v. H. Nalewski, Bd. 1. Insel, Leipzig 1978, S. 514

Ringelnatz, Joachim: Segelschiffe, S. 51. Aus: Ringelnatz in kleiner Auswahl als Taschenbuch. Karl H. Hennsel, Berlin 1955, S. 111 f. / Die neuen Fernen, S. 80. Aus: Das Gesamtwerk. Bd. 2 Gedichte 2, hg. v. W. Pape, Berlin 1985, S. 21 / Die Ameisen, S. 81. http://gutenberg.spiegel. de/buch/joachim-ringelnatz-gedichte-2724/21 [Stand: 19.12.2017]

Roth, Eugen: Nach der Reise, S. 81. http://dasbestebuch-derwelt.de/reisegedichte-zum-welttag-der-poesie [Stand: 19.12.2017]

Schiller, Friedrich: Kolumbus, S. 24. Aus: Werke und Schriften, Bd. 1: Gedichte, Erzählungen, Übersetzungen. Artemis und Winkler, München 1993, S. 197 / Sehnsucht. Aus: ebd. Bd. 1, S. 380 / Der Pilgrim. Aus: ebd. Bd. 1, S. 407

Sirowatka, Eva M.: Lautlose Reise, S. 70. Aus: Autoren reisen, hg. v. Hanns Gottschalk, Schriftenreihe der Künstlergilde. Delp, München 1976, S. 164

Stadler, Ernst: Fahrt über die Kölner Rheinbrücke bei Nacht, S. 47. Aus: Dichtungen, Bd. 1, hg. v. K. L. Schneider, Hamburg o. J., S. 161 f.

Tieck, Ludwig: Erster Anblick von Rom, S. 31. Aus: Gedichte, Teil 3. Lambert Schneider, Heidelberg 1967, S. 150–153

Tucholsky, Kurt: Luftveränderung, S. 52. Aus: Gesammelte Werke, Band 3: Gedichte 1921–1924, Rowohlt, Hamburg 1985, S. 534

Uhland, Ludwig: Reisen, S. 33. Nach: Gedichte (Ausgabe letzter Hand). DB Sonderband: Die digitale Bibliothek der deutschen Lyrik, S. 70798

Wondratschek, Wolf: In den Autos, S. 58. Aus: Das leise Lachen im Ohr eines anderen. Gedichte/Lieder II. Verlag Zweitausendeins, Frankfurt a. M. 1974, S. 64

Zuckmayer, Carl: Elegie von Abschied und Wiederkehr, S. 73. Aus: Werkausgabe 1920–1975, Bd. 3. Fischer, Frankfurt a. M. 1976, S. 135

Bildquellenverzeichnis

S. 3 o.l.: mauritius images/imageBroker/Michael Weber/© Pyramide du Louvre, arch. I.M. Pei, Musée du Louvre, o.r.: Fotolia/mshch, Mitte: bpk/Städel Museum, Frankfurt a. M., u.l.: Fotolia/chadchai, u.r.: mauritius images/Steve Vidler; **S. 4** oben: bpk, unten: © Horst Haitzinger, München; **S. 5**: Bridgeman Images/Museum of Fine Arts, Boston/Tompkins Collection; **S. 7**: mauritius images/Christina Czybik; **S. 13, 73**: bpk/Fritz Eschen; **S. 16**: Vintage Germany; **S. 19**: bpk/Staatliche Kunstsammlungen Dresden; **S. 21**: bpk/Lutz Braun; **S. 22**: bpk/Kupferstichkabinett, SMB/Dietmar Katz; **S. 25, 26, 32, 48, 52, 55, 79, 80**: akg-images; **S. 27**: imago/Westend61; **S. 28, 84**: bpk/Hamburger Kunsthalle/Elke Walford; **S. 30**: bpk/Museum der bildenden Künste Leipzig/Ursula Gerstenberger; **S. 34**: mit freundlicher Unterstützung von Edition Lempertz, Bonn; **S. 36, 37, 42, 72, 75**: bpk; **S. 38**: picture-alliance/Bernd Thissen; **S. 39, 60**: Bridgeman Images/Private Collection/© Look and Learn; **S. 41**: bpk/Sprengel Museum Hannover/Stefan Behrens/© VG Bild-Kunst, Bonn 2017; **S. 43**: ddp images/Barbara Boensch; **S. 46**: bpk/Kunstsammlungen Chemnitz/May Voigt/© VG Bild-Kunst, Bonn 2017; **S. 50**: mauritius images/Bluegreen Pictures/Francis Abbott; **S. 51**: bpk/Nationalgalerie, SMB/Jörg P. Anders; **S. 53**: mauritius images/imageBroker/action press/Anton Luhr; **S. 56**: Bridgeman Images/Private Collection/Sally Hunter Fine Art, London/© VG Bild-Kunst, Bonn 2017; **S. 58**: laif/Gregor Lengler; **S. 59**: imago/Eibner; **S. 61**: SZ Photo/ap/dpa/picture alliance; **S. 63**: mauritius images/Jeremy Inglis/Alamy; **S. 64, 67**: © Horst Haitzinger, München; **S. 66**: mauritius images/Gary Cralle; **S. 68**: Fotolia/thomas.andri; **S. 69**: SZ Photo/euroluftbild.de/Gerhard Launer; **S. 71**: akg-images/Schütze/Rodemann; **S. 74**: picture-alliance/dpa; **S. 78**: Bridgeman Images/National Gallery of Art, Washington D.C.; **S. 82**: akg-images/© VG Bild-Kunst, Bonn 2017; **S. 83**: akg-images/Erich Lessing

Redaktion: Stefan Windte
Umschlaggestaltung: Klein & Halm Grafikdesign, Berlin
Layout und technische Umsetzung: Ralf Franz, CMS, Würzburg

www.cornelsen.de

Dieses Werk berücksichtigt die Regeln der reformierten Rechtschreibung und Zeichensetzung.
Bei den mit Ⓡ gekennzeichneten Texten haben die Rechteinhaber einer Anpassung widersprochen.

1. Auflage, 1. Druck 2018

Alle Drucke dieser Auflage sind inhaltlich unverändert
und können im Unterricht nebeneinander verwendet werden.

Druck: Grafisches Centrum Cuno GmbH & Co.KG, Calbe

ISBN 978-3-06-200168-0
ISBN 978-3-06-200177-2 (E-Book)

PEFC zertifiziert

Dieses Produkt stammt
aus nachhaltig
bewirtschafteten Wäldern
und kontrollierten Quellen

PEFC™
PEFC/04-31-1370   www.pefc.de